Anonymous

Die päpstliche Encyclica vom Dezember 1864

und das Mischehegesetz in der Schweiz

Anonymous

Die päpstliche Encyclica vom Dezember 1864
und das Mischehegesetz in der Schweiz

ISBN/EAN: 9783743427273

Hergestellt in Europa, USA, Kanada, Australien, Japan

Cover: Foto ©Lupo / pixelio.de

Weitere Bücher finden Sie auf **www.hansebooks.com**

Katholische Stimmen

aus der

Schweiz.

I. Heft.

Die päpstliche Encyclica

vom Dezember 1864

und das

Mischehegesetz in der Schweiz.

Zweite, vermehrte Auflage.

Zürich, Waldshut, Stuttgart, Würzburg.
1868.
Leo Woerl'sche Verlagshandlung.

Die päpstliche Encyclica vom Jahre 1864.

und

das Mischehegesetz in der Schweiz.

Der glorreich regierende Papst Pius IX. hat durch die Encyclica vom 8. Dez. 1864, und das angehängte Verzeichniß der Irrthümer unseres Zeitalters (Syllabus), eine Norm aufgestellt, an der wir in der Wissenschaft die Wahrheit, in der Gesellschaft die Rechtlichkeit, im Leben die Sittlichkeit abmessen können. Es ist daher ein Recht und eine Pflicht eines Jeden, der an Wissenschaft, Recht und Leben aufrichtigen Antheil nimmt, bestehende Theorien, Rechtszustände und Lebensformen im Lichte dieser päpstlichen Entscheidungen darzustellen und zu beurtheilen.

Die von Gott und Natur bestimmte Quelle des menschlichen Lebens ist die Ehe. Wird diese Quelle getrübt, so verfällt die Menschheit in Siechthum. Die Leidenschaft hat dieses Institut der Ehe in mannigfacher Form angegriffen, und nur eine göttliche Kraft ist fähig, solche Angriffe zurückzuweisen. Wir haben daher dem großen Papste ewig Dank zu wissen, daß er die ganze Macht eines Stellvertreters Gottes dazu angewendet, die Heiligkeit der Ehe zu schützen.

Wenn es betrübend ist, die Ehe von so mancher Freverhand entweiht zu sehen, so ist es doppelt und dreifach zu bedauern, wenn Fürsten und Staatsbehörden, die kraft ihrer von oben erhaltenen Gewalt berufen sind, Recht und Sittlichkeit zu wahren, diese unentweihte Tochter des Himmels mit eigener Hand ihres sakramentalen Gnadengewandes entkleiden, sie in die Zwangsjacken von Gesetzesparagraphen einzwängen, und mit dem Spottmantel bürgerlicher Verträge umhüllen. — Dieses Betrübende ist in der Schweiz geschehen! Es wäre eine mehr traurige als mühevolle Arbeit, alle jene Paragraphen aus der Gesetzgebung der einzelnen Kantone über die Ehe zusammenzustellen, welche staatliche Eingriffe in kirchliches Gebiet enthalten. In ganz besonderer Weise aber, und für die ganze Schweiz geltend, ist dies von der obersten Bundesbehörde geschehen durch Gesetz über die gemischten Ehen vom 3. Dez. 1850, und ein bezügliches Nachtragsgesetz vom 8. Hornung 1862, wo der sakramentale Charakter und die Unauflösbarkeit der Ehe geläugnet und die Staatsbehörde kompetent erklärt wird, Ehebande zu lösen, mit der weitern Befugniß, andere zu knüpfen. Es ist für jeden Katholiken, insbesondere für jeden katholischen Geistlichen der Schweiz von Wichtigkeit, sich **ein auf historisch-dogmatischer Erörterung beruhendes Urtheil über dies Mischehegesetz und dessen Stellung zur kath. Lehre, die durch Pius IX. durch die Encyclica vom 8. Dez. 1864 auf's Neue ausgesprochen, — zu bilden**. Das ist Zweck und Aufgabe dieser Arbeit.

 Die konfessionelle Mischung der Schweiz bringt es mit sich, daß häufig Ehen zwischen Personen verschiedener christlicher Konfessionen (denn nur von diesen sprechen wir) eingegangen werden, und dadurch die Landesobrigkeiten veranlaßt wurden, bezügliche Bestimmungen zu treffen. Um nur an die Vorgänge neuerer Zeit zu erinnern, schlossen die meisten Kantone der Schweiz den 11. Juni 1812 ein Konkordat, „innert ihren Grenzen die gemischten Ehen nicht zu verbieten, noch mit dem Verluste des Bürgerrechtes zu bestrafen". Durch letzteren Beschluß wollte man dem oft herzlosen Vertreiben aus dem Bürgerverbande ein Ende machen, da man ohnehin der Heimathlosen aus andern Gründen nur zu viel hatte. Als man mancherorts die katholischen Pfarrer zwingen wollte, solche Ehen ohne die erforderlichen Garantien einzusegnen, wandten sich die Bischöfe an den päpstlichen Stuhl, unterm 2. April 1817. Dieser verbot durch Antwort vom 22. gl. M. den kath. Pfarrern auf's Strengste, ohne die erforderlichen Verpflichtungen von Seite des akatholischen Theiles bei Eingehung einer paritätischen Ehe sich irgendwie zu betheiligen, und ermuthigte sie unter Hinweisung auf den unerschrockenen Widerstand des Bischofs von Lausanne zur opferwilligen Ausdauer.¹) Dieser Mahnung folgend, verbot der Bischof von Chur die Einsegnung gemischter Ehen. St. Gallen forderte ihn zur Rücknahme dieses Verbotes auf, durch Schreiben vom 8. Jänner 1820. Der Bischof trat in seinem Antwortsschreiben vom 21. gl. M. mit apostolischem Freimuth für die kirchliche Praxis auf. Dies gab dem Kanton St. Gallen Veranlassung, durch Brief vom 28. Mai 1821 die übrigen Kantone aufzufordern, man möchte durch gegenseitige Berathschlagungen entscheiden, „was man in diesem Punkte thun, und wie man besonders dem Vorgehen der Bischöfe in Bezug auf die Mischehen mit Kraft entgegentreten, und sie in Schranken halten könne; und durch die Bundesbehörde im Namen aller Kantone beim Papste nachdrücklich um Aufhebung des bewußten prohibitorium einzukommen, und die Kantone bei ihrem Herkommen zu belassen." Kurz vorher, den 15. Nov. 1820, stellte Zürich ein Gesetz auf, nach welchem die Kinder aus gemischten Ehen in der Religion der Bürgermeinde des Vaters erzogen werden mußten, eine Bestimmung, welche bei dem Umstande, daß nahezu alle Gemeinden des Kantons protestantisch waren, entschieden nur den Zweck hatte, den Kanton vor katholischen Bürgern und Bürgerinnen zu bewahren.²) Im Jahr 1808 bestand im Kanton Basel ein hoheitliches Dekret, welches die Ehen zwischen Katholiken und Reformirten untersagte und zum Gegenstand der Berathung an der Tagsatzung wurde. Im Jahr 1813 (8. Juni) bezeugte Appenzell A. R. an der Tagsatzung, „daß die gemischten Ehen bei ihm verboten bleiben".³) Auf der Tagsatzung in Zürich kam dann den 17. Juli und 14. August 1821 diese Frage in Berathung, deren Resultat war: „Die eidgenössischen Stände Zürich, Bern, Glarus, Basel, Schaffhausen, Graubünden, Aargau, Thurgau, Waadt und Neuenburg, veranlaßt durch die neuerlich der kath. Geistlichkeit vom römischen Stuhl geschehene Untersagung der

---

¹) Tüb. Quartalschr. 1822. S. 163.
²) Baumgartner, die Schweiz in ihren Kämpfen. Bd. IV. S. 499.
³) Repert. der Abschiede der eidgen. Tagsatzg. v. 1803 bis 1813.

Einsegnung paritätischer Ehen, welche auch auf deren Verkündigung ausgedehnt wird, haben sich dahin verstanden:
1) „Die Verkündigung soll nöthigenfalls durch den reformirten Pfarrer oder den Civilbeamten vorgenommen werden, und es soll nach Erfüllung aller gesetzlichen Vorschriften den Verlobten die Bewilligung ertheilt werden, ihre Ehe durch den reformirten Geistlichen einsegnen zu lassen.
2) Die Ehe darf vor eingeholter Erlaubniß der resp. Staatsbehörde nicht stattfinden." [1]
Die Badener Conferenz machte diese Artikel den 23. Jänner 1834 zu den ihrigen, indem §. 5 lautet: „Die Eingehung von Ehen unter Brautleuten verschiedener christlicher Konfessionen wird von den kontrahirenden Kantonen gewährleistet. Die Verkündigung und Einsegnung unterliegt den gleichen Vorschriften wie jene von ungemischten Ehen, und wird den Pfarrern ohne Ausnahme zur Pflicht gemacht." [2] Papst Gregor XVI. hingegen erließ unterm 17. Mai 1835 ein energisches Breve gegen diese Beschlüsse, und verurtheilte sie: „Itaque prædictos articulos ceu continentes assertiones, attenta præsertim sententiarum complexione, *falsas temerarias, erroneas*, s. sedis juribus derogantes, ecclesiæ regimen ac divinam ejus institutionem evertentes, ecclesiasticum ministerium seculari dominationi subjicientes, ex damnatis principiis dimanantes, — reprobamus...." [3]

Nachdem schon durch Gesetz vom 26. Dez. 1821 im Kt. Genf die kirchliche Einsegnung für nicht nothwendig erklärt worden, beklagte die Gesammtgeistlichkeit des Kantons in einer Eingabe an den Bischof vom 30. Juni 1835 die unheilvollen Wirkungen einer solchen Civilgesetzgebung: „Hæresis per mixta matrimonia patenter influit in interiora familiarum. Quo matrimoniis his lata porta aperiatur, supremum Senatus consilium, erga propositionem Consilii status, ope legis de 26. Dec. 1821 necessitatem benedictionis nuptialis abro-

---
[1] Tüb. Quartalschrift 1821. S. 609. Als noch in Kraft bestehend angeführt in der neuesten Gesetzessammlg. für den Kt. Thurgau. I. S. 254.
[2] Aktenmäßige Darstellung der Badener Konferenz. Frauenfeld 1835. S. 35.
[3] Roskowany de matrim. mixt. II, 313.

gavit."¹) Bischof Petrus Tobias Jenny gab dann in einer Zuschrift vom 21. Juli 1841 bezügliche Instruktionen.²) Wenn auch einzelne Kantone den überhandnehmenden Mischehen entgegentraten, z. B. Wallis laut Gesetz vom Jahr 1837³) und Schwyz, durch Beschluß vom 3. Mai 1840,⁴) so wurden solche doch gesetzlich und faktisch immer mehr geschützt. Ein unverkennbar systematisches Vorgehen suchte die bisherigen Schranken der Konfessionen niederzureißen, und die durch Gesetz und Gewalt eingeführten Mischschulen sind der Boden, auf dem die Mischehen am zahlreichsten wuchern. Auch die neue Verfassung vom 12. Sept. 1848 führte durch die Gewährleistung freier Niederlassung eine außerordentliche konfessionelle Mischung der Bevölkerung und daraus entstehende zahlreiche Mischehen herbei. So ist es endlich so weit gekommen, daß in paritätischen Gemeinden und Kantonen Mischehen bereits ebenso zahlreich vorkommen, als katholische. Es mußte somit nothwendig eine bezügliche Gesetzgebung von allerhöchster Seite ausgehen, und es ließ sich erwarten, daß selbe der kirchenfeindlichen Zeitrichtung entsprechen werde, — aber daß sie auch so ganz und gar katholisches Recht und katholische Lehre außer Acht lasse, darauf war man nicht gefaßt. Das Bundesgesetz, die gemischten Ehen betreffend, vom 3. Dez. 1850 erklärt alle Hindernisse und Bedingnisse, welche die kath. Kirche von jeher an paritätische Ehen geknüpft, für nichtig und aufgehoben. Es erfüllten deßhalb die schweizerischen Bischöfe und der päpstliche Geschäftsträger in der Schweiz nur ihre Amtspflicht, als sie durch besondere Zuschriften an die Bundesbehörde (nutzlose) Protestation einlegten gegen ein so rücksichtsloses Gesetz.

Doch dies war nur der erste Theil. Wenn die Eingehung gemischter Ehen vorbehaltlos garantirt und ganz protestantischen gleichgestellt wird, so mußte auch noch deren Scheidung ermöglicht werden und dies geschah durch ein bezügliches Nachtragsgesetz vom 3. Febr. 1862, wornach eine gänzliche Scheidung, d. h. Lösung des Ehebandes möglich gemacht und

---

¹) Roskovany, I. c. II. 316.
²) ibid. I. c. II, 830.
³) Baumgartner, a. a. O. S. 503.
⁴) Schwz. Kirchenztg. 1840. S. 305.

diese Scheidung auszusprechen, die bürgerlichen Richter kompetent erklärt werden. Bei dieser Freiheit, eheliche Bande willkürlich zu knüpfen und zu lösen, wurde wahrlich die „Freiheit des Verderbens" proklamirt, von der St. Augustin und Pius IX.[1]) sprechen und gegen welche sowohl die Bischöfe der Schweiz,[2]) als auch der Vertreter des hl. Stuhles in der Schweiz[3]) mild und ernst ihre protestirende Stimme erhoben, aber wie gewohnt, ohne Erfolg. Doch nicht blos die schweiz. Bischöfe und das moralische Gefühl des Volkes haben sich gegen diese verletzenden Eingriffe in die kirchlichen Rechte erhoben, sondern das Oberhaupt der katholischen Kirche selbst, durch die bereits erwähnte Encyclica v. 8. Dec. 1864 und das angehängte Verzeichniß der früher schon als häretisch verworfenen Irrthümer. Wenn sich einzelne Kantonsregierungen[4]) bemüßigt gefunden haben, der offiziellen Veröffentlichung dieses denkwürdigen Aktenstückes Hindernisse in den Weg zu legen, indem es den Grundsätzen des jetzigen schweizerischen Regiments widerspreche, so muß man in der That gestehen, daß die verworfenen Sätze des Syllabus auffallend harmoniren mit der schweizerischen Ehegesetzgebung, somit diese in schreiendem Gegensatz stehen müsse zum kanonischen Rechte. Um sich hievon zu überzeugen, müssen die einschlägigen Aktenstücke dem Wortlaute nach angeführt werden:

Irrthümer über die christliche Ehe:[5])

65. Es ist nicht zulässig, anzunehmen, Christus habe die Ehe zur Würde eines Sakraments erhoben.
66. Das Sakrament der Ehe ist nichts Anderes, als ein Accessorium des bürgerlichen Kontraktes, von dem es trennbar ist, und das Sakrament beruht nur in der Einsegnung.
67. Nach dem Naturgesetz ist das Band der Ehe nicht unauflöslich und in manchen Fällen die Lösung zulässig.

---

[1]) S. Aug. Epist. 105. Pius IX. Encycl. 8. Dec. 1864.
[2]) Schweiz. Blätter Jahrgang 1862. S. 103. 145.
[3]) Ebendaselbst S. 292.
[4]) 3. B. Thurgau, dt. vom 18. Febr. 1865, wogegen der Diözesanbischof von Basel unterm 20. gl. M. ein herrliches Protestationsschreiben richtete.
[5]) Authentische Uebersetzung. St. Gallen, 1865.

68. Die Kirche hat nicht die Gewalt, trennende Ehehindernisse einzuführen, sondern diese Gewalt steht nur der bürgerlichen Autorität zu, welche die bestehenden Ehehindernisse aufheben sollte.
71. Die von dem Concil von Trient bei Strafe der Nichtigkeit bestimmte Form verpflichtet da nicht, wo das bürgerliche Gesetz eine andere Form aufstellt, und will, daß unter Vermittlung dieser Form die Ehe gültig sei.
73. Kraft eines bloßen Vertrages kann unter Christen eine wahre Ehe bestehen und es ist falsch, daß entweder der Ehevertrag unter Christen immer ein Sakrament, oder dann der Ehevertrag nichtig sei, wenn das Sakrament ausgeschlossen bliebe.
74. Die Ehesachen und Sponsalien gehören ihrer Natur nach in den Bereich der bürgerlichen Gerichtsbarkeit.

Bundesgesetz über die gemischten Ehen vom 3. Dezember 1850. [1])

§. 1. Die Einsegnung einer Ehe darf in keinem Kanton aus dem Grunde gehindert werden, weil die Brautleute verschiedenen christlichen Konfessionen angehören.

§. 2. Ist die Promulgation einer solchen Ehe vorgeschrieben, so ist dieselbe entweder durch eine geistliche oder weltliche Behörde zu vollziehen.

§. 3. Bestehen gegen eine solche Ehe keine gesetzlichen Hindernisse, so ist die Bewilligung zur Kopulation entweder durch eine geistliche oder weltliche Behörde auszustellen.

§. 4. Ist in dem Kanton, welchem der Bräutigam bürgerrechtlich angehört, die kirchliche Trauung vorgeschrieben, so steht es den Brautleuten frei, dieselbe durch einen Geistlichen einer der anerkannten christlichen Konfessionen innerhalb oder außerhalb des Kantones vornehmen zu lassen.

§. 5. Die Bewilligung zur Promulgation oder Kopulation einer gemischten Ehe darf nicht an Bedingungen geknüpft werden, denen andere Ehen nicht unterliegen.

§. 6. Ueber die Religion, in welcher die Kinder aus gemischter Ehe zu erziehen sind, entscheidet der Wille des Vaters.

---

[1]) Burger, Konkordate und Gesetze betr. die Verehelichung in der Schweiz. S. 11.

§. 7. Die Eingehung einer gemischten Ehe darf weder für die Ehegatten, noch für die Kinder, noch für wen immer Rechtsnachtheile irgend welcher Art zur Folge haben.

Nachtragsgesetz vom 3. Februar 1862.[1])

§. 1. Die Klage auf Scheidung einer gemischten Ehe gehört vor den bürgerlichen Richter. Als zuständig sind jene kantonalen Gerichte erklärt, deren Jurisdiktion in Statusfragen der Ehemann unterworfen ist.

§. 2. Wenn Eheleute verschiedener Konfession unter einer von §. 1 abweichenden Gerichtsbarkeit, oder unter einer die gänzliche Ehescheidung ausschließenden Gesetzgebung stehen, so ist die Klage beim Bundesgericht anzuheben.

§. 3. Das Bundesgericht urtheilt nach bestem Ermessen. Dasselbe wird in allen Fällen die gänzliche Scheidung aussprechen, in welchen es sich aus den Verhältnissen ergibt, daß ein ferneres Zusammenleben der Ehegatten mit dem Wesen der Ehe unverträglich ist.

§. 4. In Beziehung auf die weiteren Folgen der Ehescheidung (Erziehung und Unterhalt der Kinder, u. s. w.) ist das Gesetz desjenigen Kantones anzuwenden, dessen Gerichtsbarkeit der Ehemann unterworfen ist.

§. 5. Es bleibt der kantonalen Gesetzgebung vorbehalten, dem katholischen Ehegatten aus dem Grunde des Lebens des geschiedenen andern Ehegatten die Wiederverehelichung zu untersagen. —

Auch dem oberflächlichen Auge ergibt sich bei Vergleichung der betreffenden Gesetzesparagraphen mit den Nummern des Syllabus, daß beide mitsammen folgende 4 Sätze aufstellen:

1) Es kann eine Ehe bestehen, ohne Sakrament.
2) Diese Ehe kann wieder gelöst werden.
3) Die Kirche hat kein Recht, Hindernisse — speziell wegen Konfessionsverschiedenheit — entgegenzusetzen.
4) Die Ehesachen gehören vor das bürgerliche Forum.

Alle diese Sätze sind nun kirchlich verworfen, allein es scheint sich der hohe Bundesrath mit dem Umstande dem Anathema entziehen zu wollen, daß es sich um gemischte Ehen,

---

[1]) Burger a. a. O. S. 329.

um eine gemischte Angelegenheit handle, worüber die kirchliche Hierarchie nicht allein absprechen dürfe, sondern audiatur et altera pars, und in seiner bekannten Toleranz scheint er es vorzuziehen, in dieser gemischten Angelegenheit nicht die gleiche Elle anzunehmen, sondern mit Hintansetzung der kath. Rechte den Protestanten eine neue Errungenschaft zuzuwenden.

Dieser Ansicht gegenüber muß nun bewiesen werden, daß jene von Pius IX. verurtheilten Sätze über die Ehe sich auch auf die Mischehen, resp. auf die bezügliche schweizerische Gesetzgebung beziehen, somit sind folgende 4 Sätze zu erörtern:

1) Die Ehe — auch die gemischte — ist entweder ein Sakrament, oder gar keine Ehe.
2) Die Ehe — auch die gemischte — ist unauflöslich.
3) An die Ehe — und besonders an die gemischte — kann die kath. Kirche gewisse Bedingnisse und Hindernisse knüpfen.
4) Die Ehe — auch die gemischte — gehört vor die kirchliche Gerichtsbarkeit.

I. Die Ehe — auch die gemischte — ist entweder ein Sakrament, oder gar keine Ehe.

Die Ehe ist die von Christus geheiligte und zum Sakramente erhobene einheitliche und unauflösliche Verbindung zwischen zwei ehefähigen getauften Personen, zur Erreichung des natürlichen und sakramentalen Ehezweckes. Eine dogmatische Beweisführung für die Sakramentalität der Ehe ist hier überflüssig, und es genügt, die tridentinische Entscheidung anzuführen. „Si quis dixerit, matrimonium non esse vere ac proprie unum ex septem legis evangelicae sacramentum a Christo Domino institutum, neque gratiam conferre, a. s." [1] Hieraus ergibt sich folgendes:

1) Bezüglich des Verhältnisses zwischen Vertrag und Sakrament der Ehe. Die Sätze 66 und 73 des Syllabus behaupten, und die hohe Bundesversammlung stimmt in ihrer Gesetzgebung bei, daß die Ehe ihrem Wesen nach ein Vertrag

---
[1] Conc. Trid. sess. 24. c. 1.

sei, zu dem das Sakrament als Accessorium hinzukomme. Allein Christus hat das ehliche Institut nicht neu geschaffen; es war schon vorher bei allen Völkern ein religiöses Institut, und muß zu den Sakramentalien der vorchristlichen Zeit gezählt werden.[1]) Christus hat das schon vorhandene im Laufe der Jahrhunderte sehr entartete Institut zur Würde eines Sakramentes erhoben. Hierüber spricht Pius IX. in einer bezüglichen Allokution vom 27. Sept. 1852:[2]) „Cum nemo ex catholicis ignoret aut ignorare possit, inter fideles matrimonium dari non posse, quin uno eodemque tempore sit sacramentum, idcirco quamlibet aliam inter christianos viri et mulieris conjunctionem, cujuscumque etiam legis civilis vi factam nihil aliud esse, nisi turpem atque exitialem concubinatum, ac proinde a conjugali foedere sacramentum separari nunquam posse, et omnio spectare ad ecclesiæ potestatem ea omnia decernere quæ ad idem matrimonium quovis modo possunt pertinere." Will man die Ehe einen Vertrag nennen, so ist sie es nur in fieri, nicht in facto, d. h. sie wird nach Art eines Vertrages eingegangen, nicht aber fällt ihr Gegenstand in die Kategorie eines blos rechtlichen Vertragsverhältnisses, noch weniger kann sie nach Art eines Vertrages gelöst werden.

2) Auch die Ehen der Protestanten werden von der kath. Kirche entweder als sakramentale, oder als keine angesehen, indem selbe gültige und sakramentale Ehen für identisch hält, und um eine solche zu kontrahiren fordert, daß die Brautleute getauft seien und kein impedimentum dirimens im Wege steht. Die Taufe haben die Protestanten mit den Katholiken, ist also kein Hinderniß vorhanden, so ist die Ehe sakramentalisch, widrigenfalls ungültig, d. h. gar keine. Deßhalb hat das Conc. Trid., Benedict XIV. ꝛc. die Ehe der Protestanten als Sakrament anerkannt. Um so weniger kann Zweifel obwalten über die Gültigkeit einer ohne Ehehinderniß eingegangenen Mischehe, da ihr spezifischer Charakter sie nicht ungültig, sondern nur unerlaubt macht.

3) Die kirchlich aufgestellten Ehehindernisse beziehen sich

---

[1]) Philipps, Lehrbuch des KR. S. 933.
[2]) Denzinger, Enchiridion. edit. 3. p. 442.

somit auch auf die gemischten und protestantischen Ehen, da sie Umstände sind, deren Vorhandensein eine Ehe nicht zu Stande kommen läßt. Zudem ist jeder Getaufte (also auch der Protestant) nicht bloß zum Glauben, sondern auch zur Haltung des ganzen Gesetzes Christi und der Kirche verpflichtet, welche Verbindlichkeit das Conc. Trid. mit 2 Anathemen ausgesprochen hat: „Si quis dixerit, baptizatos per baptismum ipsum solius tandum fidei debitores fieri, non autem universæ legis Christi servandæ, a. s." Ferner: „Si quis dixerit, baptizatos liberos esse ab omnibus sanctæ ecclesiæ præceptis, quæ vel scripta vel tradita sunt, ita ut ea observare non teneantur, nisi se sua sponte illis submittere voluerint. a. s." [1])

4) Die gemischten und protestantischen Ehen haben (allgemein gesprochen) in der kirchlich vorgeschriebenen Form zu geschehen. Das Conc. Trid. verlangt, daß an allen Orten, wo dessen Beschlüsse promulgirt worden, die Ehe vor dem eigenen Pfarrer und zwei Zeugen, unter Strafe der Nullität zu schließen sei: „Qui aliter, quam præsente parocho vel alio sacerdote de ipsius parochi seu Ordinarii licentia et duobus vel tribus testibus matrimonium contrahere attentabunt, eos s. synodus ad sic contrahendum omnio inhabiles reddit, et ejusmodi contractus irritos el nullos esse decernit, prout eos præsenti decreto irritos facit ac annullat." [2]) Es ist dies ein Umstand, der große Schwierigkeiten bietet und die vollste Aufmerksamkeit verdient. Nach dem eidgenössischen Mischehegesetz kann sich ein paritätisches Brautpaar nach Belieben einen assistirenden Geistlichen wählen (§. 4.). Es frägt sich somit, ob die tridentinische Form auch für die Ehen schweizerischer Kontrahenten nothwendig sei. Die HH. Bundesräthe scheinen es entschieden zu verneinen und zu behaupten, das Conc. Trid. habe keine Verbindlichkeit für diesen Fleck Erde. Hierüber ist zu bemerken:

a) Es ist unter den Kanonisten ausgemacht, daß Ehen der Protestanten unter sich oder mit Katholiken in Ländern, resp. Kantonen, wo das Konzil verkündet wurde, und die Protestanten keinen öffentlichen Gottesdienst haben,

---

[1]) Conc. Trid. Sess. 8. De baptism. c. 7. 8.
[2]) Conc. Trid. Sess. 24. c. 1. de reform. matrim.

als ungültig anzusehen sind, wenn sie nicht coram parocho *catholico* geschlossen werden. In einem Dekret vom 26. Sept. 1802 wird gesagt: „haereticos, ubi decretum tridentinum est promulgatum, teneri talem formam observare, et praeterea ipsorum matrimonia absque forma concilii, quamvis coram haeretico ministro vel magistratu loci contracta, nulla atque irrita esse." [1]

b) Es ist historisch erwiesen, daß fragliches Konzil von den katholischen Kantonen angenommen und promulgirt wurde, das impedimentum clandestinitatis somit für die in ihrem Kreise zu schließenden Ehen verbindend ist. Das Konzil wurde angenommen von den VII Orten, deren Abgeordnete auf dem Tag zu Baden den 9. Januar 1564 versammelt waren: „Es weiß in der Bote sine Herren vnd Oberen zu berichten, wie geredt worden ist, das sich die VII. Orte dem Concilium söllen verpflichtet haben, was da beschlossen, das sy mit Gewalt das= selbige welten helfen haudthaben. Da aber die Gsandten der VII. Orte angezeigt vnd uff Ir Credenz vnd Instruktion be= züget, das sy sich allein dem Concilio vnderwerfen, vnd gehor= sam gemacht, wie jeder Bot wohl sagen kann, wie sy sich fründ= lich entschuldigt haben." [2] Ein gleiches wurde beschlossen von den V Orten zu Luzern, den 10. April 1570: „Hand die Herren Boten angsehen, das in den V. Orten jeder pfarherr am Canzel das helig trientinisch Concilium Geistlichen vnd Weltlichen veroffnen söllent vnd vermanen, selbigem statt zu thun." [3] Es geschah dieser Beschluß, als schon vorher den 10. April 1565 mit Papst Pius IV. ein eigentliches Bünd= niß abgeschlossen wurde „damit die Sachen des heligen trien= tinischen allerchristlichsten, gottfälligsten Conciliums ins Werk gebracht." [4] Kirchlicherseits hatte der Bischof von Konstanz, Kardinal Marcus Sitticus durch Mandat vom 5. Juni 1568 eine Synode auf den ersten Sept. gl. J. nach Konstanz aus=

---

[1] Thesaurus resolut. roman. 1742 tom. 8. p. 132.
[2] Et. A. L. Abschied F. 177, bei Segesser, Rechtsgeschichte IV., S. 360.
[3] bei Segesser, a. a. O. S. Luz. Absch. E. 66. b. 1570.
[4] „adeo, ut sanctiones piae sacrosancti oecomenici tridentini con- cilii ad effectum tandem perducantur" sagt die lateinische Ausfertigung. Segesser S. 371.

geschrieben, und veröffentlichte Diözesanstatuten im Sinne der tridentinischen Reformen.¹) Wenn übrigens heute die geschehene Promulgation des Konzils nicht mehr im Einzelnen und aktenmäßig kann nachgewiesen werden, so wird selbe bei vorkommenden Zweifeln gesetzlich präsumirt, wenn dasselbe in der kirchlichen Praxis längere Zeit bei Eheschließungen befolgt worden ist: „Publicationem praesumi, ubi id decretum fuerit aliquo tempore in parochia tanquam decretum concilii observatum" — censuit S. Congr. die 26. Sept. 1602, et 30. martii 1669.²)

Uebrigens wird in der Theorie disputirt, ob clandestine Ehen der Protestanten unter sich, oder mit Katholiken in den Ländern, resp. Kantonen, wo das Konzil promulgirt ist, die Protestanten aber volle religiöse Freiheit und öffentlichen Kultus haben, vor der Kirche gültig seien, oder nicht. Papst Benedikt XIV. hat hierüber ein merkwürdiges Aktenstück herausgegeben: „Declaratio cum instructione super dubiis respicientibus matrimonia in Hollandia et Belgio," vom 4. Nov. 1741.³) In Holland und dem konföderirten Belgien war das tridentiner Konzil verkündet, und die Protestanten hatten öffentlichen Kultus. Man stritt nun hin und her, ob dort die Ehen der Häretiker unter sich, oder mit Katholiken in Forma tridentina, d. h. vor dem katholischen Pfarrer zu schließen seien. Auf die bezügliche Anfrage der dortigen Würdeträger erklärte nun der große rechtskundige Papst die protestantischen und gemischten Ehen, welche nicht in der kirchlich vorgeschriebenen Form kontrahirt wurden und werden, durch die erwähnte Deklaration dennoch für gültig.⁴) Alsogleich erhob sich ein ganzer Schwarm von Gelehrten und Kanonisten und vindizirten ihren

---

¹) Segesser, a. a. O.
²) S. Knopp, Eherecht, I. 469. Vergl. Benedict. XIV. de Synod. Dioeces. lib. XII. c. v. n. 6.
³) Eine weitläufige Geschichte und Erklärung dieser Deklaration ist enthalten in dem Werke: S. D. P. Benedicti XIV. Declaratio super matrimoniis inter Protestantes et Catholicos. Coloniae anno 1746.
⁴) Daß diese Entscheidung nicht auch auf die Ehe kath. Brautleute auszudehnen sei, erklärt der Papst ausdrücklich in litteris ad. miss. in Hollandia de 17. Sept. 1746: „neque rationes hae aptari queunt conjugiis inter se initis a catholicis, quorum quilibet tridentini decreto se adstrictum agnoscit, ejus se auctoritatem sequi profitetur."

Ländern und Gegenden ebenfalls die Ausnahme von dem impedimentum clandestinitatis; darunter sind Männer ersten Ranges, die behaupten, die benediktinische Bulle gebe keʼ Dispens von einem vorhandenen Hinderniß, sondern eine authentische Interpretation der tridentinischen Verordnung, welche unter solchen Verhältnissen nicht anwendbar, nicht zweckdienlich, daher auch nicht verbindlich sei.

Allein wir haben uns hier nicht nach den Ansichten von Privatgelehrten zu richten, sondern nach den Aussprüchen und der Praxis des römischen Stuhles, der immer und immer wieder erklärt und darnach gehandelt hat, daß die fragliche Erklärung in Form einer Dispens nur auf die namentlich angeführten Länder Bezug habe. Papst Pius VII., von dem Generalvikar von Poitiers befragt, ob in Kraft der Deklaration Benedikts XIV. auch an andern Orten die Ehen der Häretik. ohne Beachtung der tridentinischen Form als gültig zu betrachten seien, gab unterm 29. August 1818 die Antwort: „Decretale praedicti Pontificis *sola* conjugia in Hollandia contracta vl contrahenda taxative respicere, quae absque novo, apostolic sedis judicio nulla prorsus ratione extendi aut applicabi potest aliis regionibus." [1])

Es haben in der That mehrere Päpste die Wohlthat jener Dispens auch auf andere Länder übertragen, was überflüssig gewesen, wäre jene Konstitution entweder eine allgemein gültige Dispens, oder eine competente Interpretation eines bestehenden Gesetzes gewesen. Pius VI. dehnte die besagte Freiheit mittelst einer Deklaration vom 19. Juni 1793 auf das Herzogthum Cleve aus; [2]) Pius VIII. in seinem berühmten Breve: „Litteris altero" vom 25. März 1830 auf die Bisthümer der preußischen Rheinprovinz, wo er unter Anderm sagt: „Nunc autem per has nostras litteras volumus et mandamus, ut matrimonia mixta quae posthac (a die videlicet 25. Martii 1830) in vestris dioecesibus contrahi contingat, non servata forma a Tridentino Concilio praescripta, si eidem nullum aliud obstet canonicum dirimens impedimentum, pro ratis ac veris connubiis habeantur;" aus welchen Worten

---

[1]) Kutschker, die gemischten Ehen, 2. Aufl. S. 264 fg.
[2]) Kunstmann, die gemischten Ehen, S. 232.

hervorgeht: a) daß alle gemischten Ehen, welche vor dem 25. März 1830 in Rheinpreußen vor dem protestantischen Pfarrer eingegangen wurden, ungültig sind; b) daß die gemischten Ehen anderwärts, wo noch keine päpstliche Dispens Platz gegriffen hat, ohne Beachtung der tridentinischen Form :benfalls nichtig sind, was noch besonders daraus hervorgeht, daß der Papst den Bischöfen Fakultäten zu senden verspricht, um 'olche Verbindungen zu heilen: „Nos brevi delegabimus Faternitatibus vestris facultates necessarias, quarum vi malis exinde exortis, magna saltem ex parte mederi valeatis." [1] Papst Gregor dispensirte in nämlicher Weise für das Königreich Baiern, :urch das Breve: „Summo jugiter" vom 27. Mai 1832, welchem :och eine sachbezügliche Instruktion von Kardinal Bernetti folgte, unterm 12. Sept. 1834. [2] Aehnliches ist auch für die deutsch-österreichischen Staaten und für Ungarn eingeräumt worden. [3]

Auch in neuester Zeit hält die römische Curie an diesem Grundsatz fest. So hat die s. Congregatio inquisitionis den 6. Januar 1853 einen bezüglichen Casus in dem Sinne entschieden und eine gemischte Ehe, welche an einem Orte, wo das Conc. Trident. verkündigt worden, vor dem dortigen protestantischen Pfarrer kontrahirt wurde, für ungültig erklärt. [4] Die s. Pœnitentiaria apostolica gab unterm 15. Januar 1866 eine Instruktion über die Civilehe heraus, worin es u. A. heißt: „Superfluum putat (s. Pœnitentiaria) in cujusque memoriam revocare formam a. s. Tridentina synodo præscriptam, sine cujus observantia in locis, ubi illa promulgata fuit, valide contrahi matrimonium *nequaquam* potest. [5]

Die tüchtigern Kanonisten und Moralisten der neuern Zeit huldigen meistens der kirchlichen Praxis z. B. Walter, [6] Phillips, [7] Gury, [8] Stapf [9] u. s. w.

---

[1] Kunstmann S. 250.
[2] Roskovany t. I. pag. 212 et 291.
[3] Instructio cardin. Lambruschini 22. Mai 1841. Vergl. kath. Stimmen v. Götz Bd. III. Jahrg. 1841. Nr. 83.
[4] Mélanges théologiques de Belge, VI. Serie, pag. 600.
[5] Acta Romae 1866. S. 508. Schwz. Bl. Jahrg. 1867. Heft 3.
[6] K. Recht 10. Aufl. §. 300 S. 509 und Aschbach, Kirchenlex. Bd. II. S. 509.
[7] Lehrbuch des K. Rechts. S. 1071.
[8] Compend. theol. mor. n. 1533.
[9] Pastoralunterricht über die Ehe. 5. Aufl. S. 107. Vergleiche da-

Wenn übrigens gesagt wird, daß solche Ehen ungültig seien, so betrachtet sie die Kirche in praxi nicht als Konkubinate, sondern als putative Ehen, welche die Protestanten bona fide schließen, mit allen rechtlichen Folgen von gültigen Ehen in foro externo. Knopp hingegen, ein sehr kirchlicher Kanonist der Neuzeit glaubt,[1]) daß das impedimentum clandestinitatis keinerlei Anwendung finde auf die Ehen der Protestanten unter sich, indem die Kirche keineswegs die Intention habe, durch ihre Gesetze auch die Andersgläubigen zu binden, und beruft sich auf eine Bulle Benedikt XIV., vom 9. Februar 1749, worin es §. 17 heißt: „Ex verissimis quidem argumentis conjecturisque probatum est, concilium tridentinum, cum novum illud dirimens impedimentum constituit, decretum suum ad ea matrimonia non extendisse.[2]) Wenn nun allerdings der nämliche Papst in der bereits erwähnten Deklaration über die Ehen in Holland und Belgien, nicht blos die gemischten, sondern auch die protestantischen Ehen, welche nicht in Gegenwart des katholischen Pfarrers und zweier Zeugen geschlossen wurden, — in der Dispens inbegriffen, also ohne diese für ungültig erklärt hat, so scheint doch dem Geiste der Kirche, der Vernunft, und den konfessionellen Verhältnissen der Gegenwart angemessener, die Ehen der Protestanten, welche da, wo sie öffentlichen Kultus haben, vor ihrem eigenen Pfarrer geschlossen werden, für gültig zu halten. Bei vorkommenden Konversionen ist freilich, wie bei der conditionate wiederholten Taufe pars tutior zu wählen, und nach dem Rathe von Gury[3]) u. A. den Konsens vor dem katholischen Pfarrer zu erneuern, außer wenn zur Zeit der Verehelichung die Hinzuziehung des eigenen Pfarrers und der erforderlichen Zeugen physisch oder moralisch[4]) unmöglich war, für welchen Fall eine „instructio de matrimoniorum irritorum revalidatione" des päpstlichen Legaten Kardinal Caprara d. d. Parisiis 26. Mai 1803, mit Bezug auf die französische Schreckensherrschaft die Ehen auch der Ka-

---

mit die Ansicht eines schweizerischen Juristen: Schweiz. Bl. Jahrg. 1862. S. 404.
[1]) Kath. Eherecht. Regensburg 1850. Bd. I. S. 181.
[2]) Magn. Bullar Rom. tom. XVI pag. 52.
[3]) Compend. l. c. n. 1533. Nota.
[4]) Was bei Protestanten gemeiniglich angenommen werden darf.

tholiken, welche ohne die Konkurrenz des parochus proprius abgeschlossen wurden, für gültig erklärt: „Qui civiliter, sive coram quocumque sacerdote duobus saltem testibus præsentibus, aut duntaxat coram duobus testibus consensum mutuum de præsenti exprimentes, matrimonium iniverunt tunc temporis, cum ad proprium parochum seu superiorem legitimum aut ad alium sacerdotem, specialiter et notarie ab alterutro licentiam habentem, quique a catholica unitate non recesserant .... moneantur sic contrahentes de hujusmodi matrimonii validitate, et tantummodo hortentur, ut nuptialem benedictionem a proprio parocho recipiant." [1])

Selbstverständlich fordert der Kardinal (§. 2) die vorschriftsgemäße Revalidation der Ehen, welche mit einem andern kanonischen Hindernisse abgeschlossen waren, und die Gegenwart der Zeugen, die immer erhältlich sind. [2])

Mit dieser katholischen Anschauung von der Abschließung einer Ehe hängt die Frage über den minister sacramenti enge zusammen. Es sei ferne von mir diese seit Jahrhunderten so häufig ventilirte Frage einläßlich besprechen, oder gar beantworten zu wollen, doch glaube ich, daß die Lösung nicht so ferne liege. Bekanntlich theilen sich bis heute die Theologen in diesem Punkte in zwei Heerlager, von denen das Eine den gegenwärtigen Priester, das Andere die Brautleute selbst als minister sacramenti ansieht.

Wenn es auch niemals in der Absicht des Konzils von Trient lag, hierüber auch nur einen indirekten Entscheid zu geben, so wurde doch dessen Bestimmung, daß die ohne Gegenwart des Pfarrers abgeschlossenen Ehen ungültig seien, in diesem Sinne ausgebeutet. Allein schon durch die Erklärung Benedikts XIV., daß für Holland und Belgien die ohne Beachtung dieser Bedingung kontrahirten Mischehen gültig seien, erlitt die Ansicht, der Priester sei Spender des Ehesakramentes, einen bedeutenden Stoß. Indem nun Pius IX. durch das apostolische Sendschreiben vom 22. August die Ansicht von Nuyt, Professor des Kirchenrechts in Turin, [3]) — daß das Sakra-

---

[1]) Carrière praelect. de matrim. tom. 2. pag. 418.
[2]) Das gleiche erklärt Pius VI. dem Bischof von Genf. Breve vom 22. April 1795. Carrière I. c. n. 1209.
[3]) In seinem Werke: Juris eccles. Institutiones.

ment der Ehe ein bloßes Accessorium des bürgerlichen Vertrages sei, und nur in der Eheeinsegnung beruhe, als häretisch verworfen hat, müssen wir mit Perrone[1]) die Streitfrage für entschieden und die Brautleute als die Spender des Sakramentes betrachten. Oder vielleicht läßt sich im Sinne Malconats die Distinction annehmen, daß der Priester der ordentliche, die Brautleute der außerordentliche Spender sei, ähnlich wie bei der Taufe.[2])

Abgesehen von der Frage der Gültigkeit ist mit der Eingehung einer Ehe ohne Beobachtung der kirchlich vorgeschriebenen Form eine moralische Schuld verbunden. „Si iis matrimoniis minister acatholicus assistat, gravius tunc erit contrahentium peccatum," sagt Pius VIII. in einem sachbezüglichen Schreiben an den Generalvikar von Trier vom 23. April 1817.[3]) In vielen Diözesen, insbesondere in allen, wo das Rituale Constantiense Geltung hat, ist die mit Umgehung des eigenen Pfarrers geschlossene Ehe ein bischöflicher Reservatfall.[4])

Wenden wir nun diese Darstellung über die bei Eheschließungen unter Strafe der Nichtigkeit vorgeschriebene Form auf die schweizerischen Mischehen und die respektive Gesetzgebung an. In den katholischen Kantonen und in all' den Gegenden, welche zum alten Bisthum Constanz gehörten, wurde das Konzil von Trient verkündet, oder muß so präsumirt werden. Eine Dispens im Sinne Benedikt XIV. gegenüber Holland hat die Grenzen unseres theuren Vaterlandes, meines Wissens, nie überschritten. Es sind somit alle auf diesem Terrain ohne Gegenwart des katholischen Pfarrers geschlossenen Mischehen in foro interno als ungültig zu betrachten. Es ist dies bei der freien Niederlassung und der schrankenlosen Vermischung der schweizerischen Bevölkerung ein Folgesatz von außerordentlicher Tragweite. §. 4 des schweiz. Mischehegesetzes stellt es den Brautleuten frei, „die kirchliche Trauung da, wo sie vorgeschrieben ist, durch einen Geistlichen einer der anerkannt christlichen Confessionen, innerhalb oder außerhalb des Kantons

---

[1]) De matrim. I. S. 167.
[2]) Vergl. die Irrthümer über die Ehe, von Schneemann, S. 84. Die Frage ist erschöpfend dargestellt in der Zeitschrift für Kirchenrecht und Pastoralwissenschaft von Dr. F. Seitz. Bd. 3. Heft 1.
[3]) Kunstmann. S. 241.
[4]) Rituale Constantiense v. Cardinal de Rodt. S. 75.

vornehmen zu lassen," nimmt somit von der für die Katholiken vorgeschriebenen Form, und von der kirchenrechtlichen Bestimmung, daß die Trauung de juribus parochialibus sei, gar keine Notiz. In mehreren Kantonen ist sogar durch die fakultative Civilehe von der Gegenwart eines religiös-confessionellen Zeugen abstrahirt. Zudem geschieht es häufig, daß der katholische Pfarrer wegen Mangel an Garantien betreffs katholischer Kindererziehung u. s. w. sich gar nicht betheiligen darf, somit die Kontrahenten nothwendig an einen akatholischen Minister gewiesen sind.[1]) Besonders werden die schweizerischen Bischöfe diesen Verhältnissen ihre volle Aufmerksamkeit nicht versagen können. Wie sehr wäre zu wünschen, bei der jährlichen, so viel versprechenden Conferenz derselben diese Angelegenheit in Berathung gezogen zu sehen und Anstalten zu treffen, nach dem Vorgange anderer Länder und Bisthümer die gemischten Ehen der Schweiz durch eine päpstliche Dispens von dem impedimentum clandestinitatis frei erklären zu lassen. Zudem soll die Frage der Mischehen, wie öffentliche Blätter berichten[2]) auf dem in nächster Zeit abzuhaltenden ökumenischen Konzil ebenfalls behandelt werden, bei welchem Anlasse leicht sich eine solche Dispens auswirken ließe, im Falle nicht allgemein bindende Entscheidungen erfolgen. Insbesondere wird diese allgemeine, viel versprechende Kirchenversammlung sich über die Mittel berathen, wodurch die in gemischter Ehe lebenden Katholiken zur getreuen Erfüllung ihrer gemachten bezüglichen Versprechen könnten angehalten werden. Es hat deßhalb jeder Diözesanbischof folgende einschlagende Frage der hl. Congregation der Konzilien zu beantworten: „Pluribus in locis, ubi hæreses impune grassantur, mixta connubia ex summi Pontificis dispensatione quandoque permittuntur, sub expressa tamen conditione de præmittendis necessariis opportunisque

---

[1]) Fälle, wie folgender, den ich soeben vernehme, gehören zum Alltäglichen: Ein Katholik wünscht sich mit einer Protestantin zu verehelichen, ohne katholische Kindererziehung zu versprechen, worauf der katholische Pfarrer erklärt, nicht zu kopuliren. Der Bräutigam wendet sich klagend an die Regierung, die dahin verfügt, daß — nicht etwa der protestantische Pfarrer der Braut oder des paritätischen Wohnortes des Bräutigams, — sondern einer, von der h. Regierung willkürlich gewählter, zu kopuliren habe.
[2]) Schweiz. Kirchenzeitung v. 3. August 1867: Quaectiones, quae ab Apostolica sede Episcopis proponuntur.

cautionibus, iis præsertim quæ naturali ac divino jure in hisce connubiis requiruntur. Minime dubitare fas est, quin locorum ordinarii ab hujusmodi contrahendis nuptiis fideles avertant ac deterreant, et tandem, si graves adsint rationes, in exequenda apostolica facultate dispensandi super mixtæ religionis impedimento, omni cura studioque advigilent, ut dictæ conditiones, sicuti par est, in tuto ponantur. At enim vero postquam promissæ fuerint, sanctene diligenterque adimpleri solent, et quibusnam mediis posset præcaveri ne quis a datis cautionibus servandis temere se subducat?"

Es ist mir von der Tit. bischöflichen Kanzlei des Bisthums Basel folgende Mittheilung zugekommen, welche Aufschluß gibt über die Praxis, welche dieses hochwürdigste Ordinariat fest= hält in Beurtheilung des Verhältnisses der gemischten Ehen zu dem kirchlichen impedimentum clandestinitatis: „Als im Kanton Aargau der Mischehen=Verkündungshandel im Flusse war und aus Ursache desselben das bischöfliche Ordinariat Basel in Unterhandlungen mit Rom stand, bemerkte dasselbe auch in einer Zuschrift, daß über die Gültigkeit der vor dem protestan= tischen Minister geschlossenen Mischehen Meinungsverschiedenheit herrsche, wobei jedoch das bischöfliche Ordinariat Basel (schon unter Bischof Salzmann und seither) in der Praxis die Gültig= keit solcher Ehen angenommen habe, sofern kein spezielles tren= nendes Ehehinderniß da war. Der Grundsatz der Clandestinität sei in den protestantischen wie in den gemischten Kantonen kaum anwendbar, da dieselben so zusammengewürfelt seien, daß es im nämlichen Kantone Bezirke gebe, wo das Konzil von Trient sicher verkündet, andere, wo es sicher nicht verkündet, andere, wo die Verkündung zweifelhaft sei, endlich noch andere, wo erst neuestens katholische Pfarreien errichtet seien (welche den Ka= nonisten gemäß allen Bestimmungen des Konzils von Trient unterliegen). Ueberdieß ward ferners argumentirt, sei es kaum thunlich, z. B. im Kanton Bern und Aargau protestantisch ge= schlossene Mischehe als gültig zu behandeln, dagegen in einem vielleicht eine Stunde davon entfernten luzernerischen oder zugerischen Grenzdorfe eine solche Mischehe als ungültig zu er= klären. Ein apostolischer Entscheid sei besonders auch darum zu wünschen, um zu wissen, ob ein Beichtvater katholische Per= sonen, die sich so verehelicht haben, absolviren könne, ohne die

Trennung vom andern Theil zu verlangen (wie im Fall der Ungültigkeit eben nur ein Konkubinat stattfände, wenigstens von Seite des katholischen Theils). — Als Antwort auf diese Exposition kam vom Apostolischen Stuhle in Zuschrift vom 11. August 1858 die Weisung zurück, daß der Beichtvater solchergestallt verehlichte Katholiken absolviren könne und solle, wenn sie reumüthig sind und noch thun wollen, was an ihnen ist, um den von der Kirche vorgeschriebenen Bedingungen Genüge zu leisten. — Hieraus entnahm das Ordinariat Basel, gewiß mit Recht, daß es in der befolgten Praxis, auch die vor dem protestantischen Minister eingegangenen Mischehen als gültige (auch in foro conscientiæ) zu behandeln, beharren dürfe."

Indem ich diese gefällige Notiz höflichst verdanke, bin ich, und gewiß jeder Seelsorgspriester des Bisthums, besonders in paritätischen Kantonen, sehr froh, von competenter Seite über diese so wichtige und so unsichere Angelegenheit, authentische Auskunft zu erhalten. Wenn auch meine in diesen Blättern niedergelegte Ansicht der Praxis der bischöflichen Curie nicht direkt widerstreitet, so würde ich doch, wenn es mir erlaubt wäre, meine unmaßgebliche Privatansicht in aller Bescheidenheit zu äußern, Folgendes bemerken:

1) Die angedeuteten eigenthümlichen Verhältnisse der Diözese Basel dispensiren für die Gegenden, wo das Conc. trid. Geltung hat, nicht von dem Hinderniß der Clandestinität, sondern machen nur eine Dispens erwünscht, wie in Holland und Belgien zur Zeit Benedikt XIV.

2) Wenn Rom die Erklärung ertheilt hat, daß der Beichtvater einen Katholiken, der unter Assistenz eines protestantischen Ministers eine Ehe eingegangen hat — cæteris rite dispositis — absolviren dürfe, so scheint eine solche Weisung noch keine Dispens von der fraglichen tridentinischen Bestimmung zu enthalten. Nach einmal solchergestalt geschehenen Verehelichung liegt es weder in der Macht des Beichtvaters noch des Beichtkindes, diese, in Folge des Grundsatzes der Clandestinität herbeigeführten Mißverhältnisse zu beseitigen, sondern es ist dies Sache der Obern. Zudem halten die meisten Katholiken, die solche Ehen schließen, selbe, wenn auch für unerlaubt, doch für gültig, und es sind solche Verhältnisse nicht als Konkubinante, sondern als putative Ehen zu behandeln.

3) Es scheint der Geschäftspraxis der S. Congregatio Concilii zu widersprechen, nur indirekte und per conclusionem eine Dispens zu ertheilen. Wie ich nachgewiesen, bedarf es einer förmlichen Dispense; eine subjektive Erklärung, das Dekret „Tametsi" finde in irgend welcher Gegend unter irgend welchen Verhältnissen keine Anwendung, ist unstatthaft. Eine solche direkte und ausdrückliche Dispense würde Rom auf Verlangen geben und wäre beruhigender, als eine durch logische Schlüsse herbeigebrachte Erklärung.

4) Die S. Congregatio Concilii hat gerade in neuester Zeit dieses Ehehinderniß mit so großem Ernste und so außerordentlicher Strenge bei vorgelegten Einfragen behandelt, daß sich nicht leicht annehmen läßt, selbe urgire die tridentinische Verordnung nicht auf das Gewissenhafteste.

Um meine Ansicht zu dokumentiren, und eine Einsicht in die Grundsätze der heiligen Congregation zu geben, führe ich einzelne prinzipielle Ansichten an, welche die römische Curie in neuester Zeit bei Entscheidung spezieller Fälle ausgesprochen hat.

Den 16. Juni und 28. Juli 1866 stellte die Congregation der Konzilien die Grundsätze auf:[1])

1) Qui domicilium habent ubi Tridentinum Decretum viget transeuntes in alterum locum ubi ineant liberius matrimonium, non ibi contracto aliquo domicilio ad normam jurisprudentiæ canonicæ, invalide matrimonium contrahere, quamvis Tridentinum Decretum ibi non vigeat.

2) Neque interesse an sponsi bona fide ducti hoc faciant ut ab aliquo minus aequo impedimento sese liberent. Non enim propter fraudem animo intentam irritum est matrimonium, sed propter factum quod facile frustraneam redderet Tridentinam legem.

3) Colliges præterea, matrimonium quod clandestine contractum censeatur, nec vim sponsalium obtinere: quinimo celebratione talis matrimonii sponsalium obligatio cessat quæ celebrationi præcesserint.

Den 1. Dezember 1866 stellte die nämliche kirchliche Instanz noch wichtigere Prinzipien auf:[2])

---
[1]) Acta quae apud s. sedem geruntur. Januar 1867 pag. 398.
[2]) Acta Mai 1867.

1) Certum esse penes Apostolicam sedem principium: matrimonia mixta aut haereticorum ad norman Tridentini non contracta, ubi Decretum Tametsi publicatum est et viget, nulla generatim esse.

2) Hæretici enim sacro abluti baptismate in delebilem divinæ filiationis (in propriam quidem perniciem contractam) præseferentes, quamvis ab arbore vitæ sua culpa divulsi, Ecclesiæ potestatem declinare non possunt, quæ ad eos omnes sese potest extendere, qui Christi Domini perpetuo charactere sunt signati.

3) Decretum autem Tametsi, tum ex mente Patrum Tridentinorum, tum ex constanti sanctæ sedis et Ecclesiæ praxi, hæreticos quoque comprehendere, qui in parochiis Decreto subjectis degunt.

4) Quare omnes quæstiones multipliciter implexas, quae circa ejusmodi matrimonia oriuntur, non quidem in juris principio, sed in applicatione principii ejusdem ad singula factorum et locorum adjuncta totas versari.

Wenn nun die römische Curie mit solcher Aengstlichkeit an dem Buchstaben des Gesetzes festhält, so wird es sich auch unsererseits geziemen, uns nur durch einen unzweideutigen und bestimmten Ausspruch der obersten Behörde beruhigen zu lassen.

Doch unterwerfe ich schon zum voraus und unbedingt meine hier niedergelegten Ansichten so wie ein jedes Wort der ganzen Schrift dem Urtheile meiner kirchlichen Obern.

Fernere Belehrungen nehme ich mit dankbarem Herzen an, und verspreche, selbe zur Belehrung meiner Hochwürdigen Amtsbrüder gewissenhaft verwerthen zu wollen.

Diesen ersten Abschnitt der Abhandlung schließend ergibt sich: 1) daß unter Christen der Ehevertrag immer ein Sakrament oder dann nichtig ist, es somit keine Ehe geben kann, welche ein bloßer Vertrag, mit Ausschluß des Sakramentes, wäre. 2) Daß die Ehe, unter Strafe der Nullität, in der kirchlich vorgeschriebenen Weise vor dem eigenen Pfarrer und 2 Zeugen zu geschehen ist, da, wo das bezügliche Gesetz promulgirt ist.

Hiemit sind zugleich die Sätze 65, 66 und 77 des Syllabus als unkirchlich und verwerflich bezeichnet, da sie die Ehe als einen Vertrag darstellen, zu dem das Sakrament hinzu=

kommen kann, und bei dessen Abschließung die vom Concil. trident. vorgeschriebene Form da nicht verpflichte, wo das bürgerliche Gesetz eine andere Form aufstellt. Nicht minder zeigt sich das schweizerische Mischehegesetz im Widerspruche mit dieser katholischen Lehre, indem dasselbe nicht blos von dem entwickelten sakramentalen Charakter der christlichen Ehe und der kirchlich vorgeschriebenen Form abstrahirt (§. 4 Gesetz vom 3. Dez. 1850), sondern ihr mit Beziehung auf Mischehen auch die ihr durch das Sakrament zukommende Eigenschaft der **Unauflösbarkeit** raubt.[1]

II. Die Ehe — auch die gemischte — ist unauflöslich.

Ist die Sakramentalität der Ehe, insbesondere der Mischehe constatirt, so folgt daraus auch deren Unauflösbarkeit, indem selbe ein constitutives Moment des Ehesakramentes ist. Nach den Grundsätzen der katholischen Kirche, wie sie im Concilium von Trient enthalten sind, kann eine gültig eingegangene und vollzogene Ehe nur durch den Tod des andern Ehegatten gelöst werden.[2] Wegen Irrlehre, oder beschwerlicher Zusammenwohnung oder vorgeschobener Abwesenheit des einen Ehegatten,[3] wegen Ehebruch[4] kann das eheliche Band nicht gelöst werden. Wohl aber kann eine zwar gültig eingegangene, aber nicht consummirte Ehe durch die feierlichen Ordensgelübde der anderen Ehehälfte gelöst werden.[5] Ebenso ist aus verschiedenen Gründen eine zeitweilige Trennung von Tisch und

---

[1] Wer das tollste und ungenießbarste Zeug über den sakramentalen Charakter der Ehe zu lesen wünscht, dem empfehlen wir „die gemischten Ehen nach den Ansichten des Christenthums, der Geschichte, des Rechtes und der Sittlichkeit, dargestellt von Dr. Christoph Friedrich von Ammon, Vicepräsidenten des evangelischen Landesconsistoriums, geheimen Kirchenrathe bei dem Ministerium des Cultus und Oberhofprediger in Dresden. 2. Aufl. Dresden 1839". Besonders Seite 125—139, wo wir unter Anderm auch vernehmen (S. 128), daß in der katholischen Kirche die Beschränkung der Sakramente auf eine „siebenfache Zahl" erst im zwölften Jahrhundert aufgekommen ist, und daß man vorher zwei, vier, zwölf und mehrere zählte!!
[2] Conc. trident. sess. 24. can. 1. 2.
[3] ibid. can. 5.
[4] ibid. can. 7.
[5] ibid. can. 6.

Bett zulässig.¹) Diese katholischen Grundsätze sind von Pius IX. von Neuem bestätigt worden, durch Verwerfung der gegentheiligen Meinung, nach welcher „in verschiedenen Fällen eine eigentliche Trennung vom Bande zulässig wäre."²) Das schweizerische Nachtragsgesetz über die Mischehen glaubt nun, diese Grundsätze seien auf paritätische Ehen deßhalb nicht anwendbar, weil der protestantische Theil das Recht besitze, unglückliche Bande zu lösen, mit der Befugniß, neue zu knüpfen. Was den verlassenen Kotholiken betrifft, so ist es durch §. 5 des nämlichen Gesetzes den kantonalen Behörden vorbehalten, ihm die Wiederverehelichung zu untersagen, aus Grund des Lebens des geschiedenen Ehegatten.

Ist denn aber in der That eine gemischte oder protestantische, gültig eingegangene Ehe auflösbar? Nein, keine von beiden, denn:

1) Die bibelfreundlichen Protestanten sind auf Math. Kap. 19, Mark. 10, 11—12, Luk. 16, 18, auf I. Kor. 7, 10 und auf Röm. 8, 12 u. s. w. hinzuweisen, um Vorlesungen über die Unauflösbarkeit des ehelichen Bandes anzuhören.

2) Die Unauflösbarkeit ist kein neues Moment, das zum Ehekontrakt hinzugekommen wäre durch dessen Erhebung zum Sakrament, sondern sie ist eine natürliche, primitive Eigenschaft des Eheinstitutes. „Jesus Christus matrimonii vinculum ad suum primævum statum redegit, sagt Benedikt XIV., nempe ad indissolubilitatem, non nova lege condita, sed duntaxat sublata veteri indulgentia seu dispensatione super prædicta indissolubilitate concessa."³) Die besseren der Heiden haben diesen unauflöslichen Charakter erkannt und anerkannt, sollten die Protestanten ihn nicht auch annehmen dürfen und müssen?

3) Die Protestanten gehen überhaupt ebenso wenig als Andere — Ehen unter resolutiven Bedingungen ein. Sie sehen die Trennung, wie Jedermann, als ein Unglück an, das sich Niemand wünscht, und bei Schließung der Ehe sich ausbedingt.

4) Es läßt sich ohne Mühe eine Reihe protestantischer Schriftsteller zusammenfinden, welche, in Uebereinstimmung mit

---

¹) ibid. can. 8.
²) Syllab. n. 67.
³) Cfr. Gen. 2, 24: Quamobrem relinquet homo patrem suum et matrem, et adhaerebit uxori suae, et erunt duo in carne una.

dem katholischen Dogma, der Ansicht sind, die Unzertrennbarkeit der Ehe sei sowohl in der Natur als in der Religion begründet. Die protestantischen Theologen sind so allgemein für die eheliche Unauflösbarkeit, daß es überflüssig ist, deren Worte zu citiren. Ja, Männer von strengerer lutherischer Richtung können es dem großen Reformator gar nicht verzeihen, daß er mit der Tradition in Betreff der Ehe in Folge „seiner schiefen Stellung als gelobter Cœlibatarius gebrochen," und bedienen sich heftiger Ausdrücke gegen Aeußerungen Luthers, die, aus seiner kritischen Lebensperiode stammend, so große, ja schier unglaubliche Verirrungen enthielten, daß sie gar nicht zu wiederholen seien.[1])

Ein öffentliches Organ des Protestantismus[2]) äußert sich also: „Die Ehe ist unauflöslich. Daher table ich denn auch unverholen jedes christliche Moralsystem, in welchem eine entgegenstehende Lehre aufgestellt und, im Gegensatz zu dem Evangelium Christi, in Schutz genommen wird. Ja ich glaube sogar gerade eben dadurch mich am sichersten als einen ächten, dem Principe der Reformation consequent getreu bleibenden Protestanten zu beweisen, daß ich in diesem Stücke der katholischen Lehre von der Unauflösbarkeit der Ehe den Vorzug einräume vor der protestantischerseits behaupteten Trennbarkeit derselben." — Mit den Journalisten gehen die Philosophen einig: Trendelenburg behauptet:[3]) die Ehe sei ihrem Wesen nach darauf angelegt, unauflösbar zu sein. Warnkönig[4]) spricht sich gleicherweise entschieden für die Lebenslänglichkeit der Ehen aus. Klar ist auch der Ausspruch Stahl's:[5]) „Nach ihrer Bestimmung als vollständige persönliche Einigung der Ehegatten ist die Ehe unauflöslich." Nach W. von Humboldt[6]) ist sie der Bevölkerung am zuträglichsten, und entspricht einzig und unleugbar der natürlichen Liebe. Sogar Bentham, welcher durch seine Grundsätze das gesammte Naturgesetz antastet, muß ge-

---

[1]) Halle'sches Volksbl. v. 8. April 1857. Jörg Protestantismus I., S. 550.
[2]) Allgem. Kirchenztg. 1826, Nro. 48.
[3]) Naturrecht. S. 249.
[4]) Rechtsphilosophie. S. 146.
[5]) Rechtsphilosophie. Vierte Aufl. S. 589.
[6]) Die Grenzen der Wirksamkeit des Staates. S. 29.

stehen: „Die fortdauernde Ehe ist die natürlichste, den Bedürfnissen der Familien angemessenste, zudem die vortheilhafteste für die Individuen und im Allgemeinen für das menschliche Geschlecht." [1])

Es ist allerdings nicht zu läugnen, daß man sogar von katholischer Seite mit zu großer Leichtfertigkeit vorgegangen ist, aber die Kirche hat selbe nie gebilligt, und besonders war es Benedikt XIV., der auf das kräftigste solchen Mißbräuchen entgegentrat, und durch die Anordnung eines mit vielen Förmlichkeiten umgebenen Prozeßverfahrens alle unbedachtsame Erleichterung abschnitt. [2]) Die gleiche Strenge hielt Pius VII. inne, und hatte den Muth, dieselbe auch sogar gegen Napoleon I. nicht zu mildern, der bekanntlich eine päpstliche Nichtigkeitserklärung der Ehe des Prinzen Hieronymus (nachmaligen Königs von Westfalen) mit der Amerikanerin Patterson vergeblich zu erlangen suchte. [3])

Wenn nun sowohl katholische als protestantische Ehen unzertrennlich sind, so sind es auch die gemischten, da weder von Seite der Katholiken noch der Protestanten die Confessionsverschiedenheit ein impedimentum dirimens bildet, oder den indissolublen Charakter der Ehe aufhebt, gegentheils muß dem Protestanten schon aus dem Titel der Gerechtigkeit gegenüber dem Katholiken die Ehe unauflöslich sein. Gleich dessen Gründer, ist der Protestantismus von jeher allzu mitleidig gewesen gegen mißmuthige und neuerungssüchtige Eheleute. Die katholische Kirche hingegen hat stets unentwegt an ihren Grundsätzen festgehalten. In welche arge Mißverhältnisse kommt deßhalb nicht ein Katholik, der in guten Treuen ein unauflösbares Band geknüpft hat, und dasselbe durch richterlichen Spruch nun zerrissen sieht! Wer mit so viel Sympathie die lästigen Bande einer protestantischen Ehehälfte zu lösen bereit ist, sollte der nicht auch so viel Redlichkeitssinn haben, nicht zu gestatten, daß ein katholischer Gatte durch willkürliche Scheidung so großer Schande, so großem Spott und so großer Gefahr ausgesetzt werde?!

---

[1]) Oeuvres III. 116.
[2]) Siehe die Bulle Dei miseratione vom 3. Nov. 1741.
[3]) Avogadro Teoria del matrim. p. 319. 399. 500.

5) Indem die katholische Kirche die Ehen der Protestanten unter sich oder mit Katholiken als sakramentalische, somit auch als unauflösliche ansieht, wenn kein vernichtendes Hinderniß entgegen steht, muß sie auch die Wiederverehlichung solcher Personen, welche, durch Civilbehörden geschieden, zu Lebszeiten des ersten Ehegatten zu einer neuen Verbindung schreiten, mißbilligen und als ein Concubinat betrachten; und es ist ebenso einfältig als boshaft, dies als katholische Intoleranz zu verschreien. Wären Kirche und Geistlichkeit toleranter, wenn sie die ehlichen Verbindungen der Protestanten nicht als wirkliche, gültige Ehen, sondern als ein unsittliches Verhältniß betrachteten, das man lösen kann und soll?! Die Zunahme der gemischten Ehen bringt auch häufigere Verbindungen von Katholiken mit getrennt lebenden Protestanten mit sich, und es ist deßhalb gut, wenn sich jeder Seelsorgspriester die Worte merkt, welche Papst Gregor XVI. unterm 27. Mai 1832 an die Bischöfe von Baiern schrieb:[1] .... Post haec vix est, ut aliquæ addamus de aliis longe gravissimis casibus matrimonii inter catholicos et haereticos contrahendi, in quibus pars haeretica habeat viventem adhuc priorem conjugem, a quo divortio sejuncta fuerit. Nostis, quanta ex divino jure sit firmitas matrimonialis vinculi, quod separari humana auctoritate non potest. Quare matrimonium mixtum in ejusmodi casibus non modo illicite fieret, sed nullum prorsus et adulterinum foret; præter quam si priores illæ nuptiæ, quas hæretica pars divortio dissolutas esse autumat, irritæ omnino fuissent, propter aliquod, quod illis vere abstiterit, canonicum dirimens impedimentum. Porro in postremo hoc casu non solum servanda sunt omnia ea, quæ supra dicta sunt, sed cavendum insuper, ut novum ipsum matrimonium non permittatur, nisi postquam causa primi connubii ab hæretica parte jam antea initi cognita fuerit ecclesiastico judicio ad canonum normam exacto, quo connubium idem fuerit irritum declaratum."

6) Die rechtlichen und moralischen Folgen dieser modernen Staatstheorie sind dermaßen beweinenswerth, daß eine für das allgemeine Wohl besorgte Behörde mit ihrer ganzen Autorität

---

[1] Denzinger l. c. p. 432.

das Heiligthum der Ehe vor Entweihung schützen sollte. Der schweizerische Episkopat hat in seiner protestirenden Eingabe an den h. Bundesrath diese Folgen mit ebenso viel Schärfe als Wärme bezeichnet und nachgewiesen, daß das die Ehescheidungen befördernde Gesetz sich gegen die garantirte Gewissens- und Glaubensfreiheit verstoße, die moralische Basis erschüttere, den Frieden der Familien gefährde und zu konfessionellen Reibungen Anlaß gebe.[1]) Sollte aber das Wort der geistlichen Würdeträger minder Glauben verdienen, so führen wir einen unverdächtigen gekrönten Gewährsmann an in der Person Friedrichs II., des preußischen Königs. Man hatte in den preußischen Staaten in der ersten Hälfte des 18. Jahrhunderts die Ehescheidungen gesetzlich erleichtert. Nun erschien den 17. Nov. 1782 ein königliches Edikt, das die Scheidungsgründe reduziren und das Prozeßverfahren erschweren sollte. Der Eingang dieses merkwürdigen Aktenstückes lautet:[2]) „Da durch eine übertriebene Leichtigkeit bei den Ehescheidungen der öffentliche Wohlstand beleidigt; die Zügellosigkeit der Sitten und der Hang der Gemüther zur ungescheuten Verletzung der heiligsten Verbindungen bestärkt; dadurch auf der einen Seite die Schließung mancher unschicklichen und unüberlegten Ehen veranlaßt, auf der andern aber auch, wegen des Anstoßes, den eine zweite Heirath geschiedener Personen gemeiniglich findet, und wegen der Besorgnisse, womit die Unzulänglichkeit so vieler Ehebündnisse bedenkliche Gemüther nothwendig erfüllen muß, die dem Staat so nachtheilige Ehelosigkeit noch mehr befördert; den zur häuslichen Glückseligkeit so nothwendigen Bestrebungen der Eheleute, sich in einander zu schicken, und allen Anlaß zu Mißvergnügen und Widerwillen sorgfältig zu vermeiden, die mächtigste Triebfeder genommen, den schädlichen Eindrücken der Verführung freier Zuzug eröffnet; solchergestalt die innere Ruhe der Familien gestört; vornämlich aber den aus solchen Ehen erzeugten Kindern, wegen des in den Gemüthern der geschiedenen Eltern gegen sie nur allzuleicht entstehenden Kaltsinnes und Abneigung, sowohl durch Vernachlässigung ihrer Erziehung,

---

[1]) Schweiz. Blätter 1862. S. 104.
[2]) Darstellung der in den Preußischen Gesetzen über die Ehescheidung unternommenen Reform. S. 17.

als durch Entfremdung und Zersplitterung des Vermögens der größte Nachtheil zugefügt wird, so haben Wir beschlossen u. f. w."

7) Abgesehen von dem inneren Widerspruch mit dem katholischen Dogma leidet die schweizerische Gesetzgebung über Ehescheidung an einem ganz außerordentlichen Gebrechen, indem es die Gründe, aus welchem eine Scheidung verlangt werden kann und ausgesprochen wird, gar nicht namhaft macht, und somit dem Ermessen, der Laune und Gewissenhaftigkeit der Bundesrichter überläßt. Das Gesetz vom 3. Hornung 1862 sagt freilich: „Das Bundesgericht urtheilt über die Frage der Ehescheidung nach bestem Ermessen. Dasselbe wird in allen Fällen die gänzliche Scheidung aussprechen, in welchen es sich aus den Verhältnissen ergibt, daß ein ferneres Zusammenleben der Ehegatten mit dem Wesen der Ehe unverträglich ist." (§. 3.) Eine fernere Verordnung, betreffend das Verfahren im Ehescheidungsprozesse vor dem Bundesgericht v. 5. Heumonat 1862,[1]) regulirt den Prozeßmodus, ordnet einen Instruktionsrichter an u. f. w.

Allein die Hauptsache haben die hohen Herren vergessen, und es dürfte unter allen bezüglichen Gesetzgebungen der europäischen Staaten kaum eine zweite sich finden, welche mit so beispielloser Willkür und elastischer Ausdehnungsfähigkeit die Lösung sakramentaler Ehebanden civilrichterlichen Händen anvertraut. Es handelte sich im Jahr 1842 in den preußischen Staaten um Aufstellung eines neuen Ehescheidungsgesetzes, welches wie das angeführte Edikt Friedrich II. die Scheidung und Wiederverehlichung der Eheleute erschweren sollte. Die Gesetzeskommission und der Staatsrath wurden beauftragt, jeder für sich einen Gesetzesentwurf auszuarbeiten, und zur allerhöchsten Entschließung und Sanktion zu unterbreiten. Diese beiden Gesetzesentwürfe vom Oktober 1842 und April 1844 liegen vor mir, mit einer offiziellen Darstellung und Erklärung derselben, hervorgegangen aus dem Schooße der beiden Behörden selbst.[2]) Es ist daraus ersichtlich, daß man das Hauptgewicht auf genaue Firirung der Ehescheidungsgründe legte, und daß man damit begann elf früher gültige zu eliminiren. (Abschn. I. §. 1.)

Nicht die veränderlichen Grundsätze Einzelner, sondern

---

[1]) Gesetzessammlung f. d. Kt. Thurgau. II. 205.
[2]) Berlin, Veit, 1844.

rechtliche Prinzipien müssen die Norm eines jeden Urtheilspruches sein. Es ist äußerst schwierig und selten, in amtlicher Stellung seine Privatansichten nicht geltend zu machen, und seine eigene Handlungsweise durch öffentlichen Richterspruch nicht zu legitimiren, wenn der Weg nicht durch Gesetzesparagraphe vorgezeigt ist.

8) Zur Beruhigung der ängstlichen Gemüther und der katholischen Gewissen „bleibt es der kantonalen Gesetzgebung vorbehalten, dem katholischen Ehegatten aus dem Grunde des Lebens des geschiedenen andern Ehegatten die Wiederverehelichung zu untersagen." [1] Allein dieses Versprechen bietet gar keine Garantien für die Erhaltung der katholischen Rechte, denn einmal ist dieses kantonale Verbot seit 5 Jahren noch nirgends zu Stande gekommen, und wird voraussichtlich so bald uns nicht beglücken; und dann würde es auch nichts nützen; denn ist der geschiedene Katholik ein Mann von Gewissen, so würde er auch mit bürgerlicher Erlaubniß keine neuen Bande knüpfen; ist er aber ein Bösewicht, so stiftet das Civilverbot nur noch größeres Unheil und befördert die Unsittlichkeit. [2]

Und wenn man sagt, daß die Mischehen öfters in dem Grade unheilvoll seien, daß eine Trennung auch der katholischen Kirche erwünscht sein müsse, so erkennt auch sie wohl den Fluch solcher Mißverhältnisse, ihre Logik aber veranlaßt sie nicht zum Schlusse einer nothwendigen Auflösung, sondern zur Verhütung solcher religionswidrigen Verhältnisse, und hier ist der Punkt, in welchem Kirche und Staat so nothwendig einig gehen sollten. Und verlangen die Verhältnisse eine wirkliche Trennung, warum begnügt sich der Staat nicht mit einer Trennung von Tisch und Bett? Woher und wozu die Erlaubniß einer neuen Ehe?

---

[1] Nachtragsgesetz §. 5.
[2] In Frankreich ist durch eine Verordnung Ludwig XVIII. vom Jahr 1816 die Unauflösbarkeit der Ehe für katholische Staatsangehörige garantirt. Vergl. Zachariä französisches Recht III. 9. Schwz. Blätter 1862. S. 404.

III. **An die Ehe — und besonders an die gemischte — kann die katholische Kirche gewisse Hindernisse und Bedingnisse knüpfen.**

Das große Interesse, welches für Kirche und Staat an die Ehe geknüpft ist, hat diese beiden Gewalten schon gleich im Beginne ihrer gesetzgebenden Thätigkeit mit Nothwendigkeit darauf hingewiesen, die Bedingungen festzusetzen, unter denen allein sie einer geschlossenen Ehe ihre Sanction verleihen, und derselben für alle Verhältnisse ihren Schutz angedeihen lassen wollten. Fand sich der Staat zu einer solchen Handlungsweise aufgefordert, um sich einige Gewährschaft für das materielle Wohl der Familie zu verschaffen, so richtete die Kirche ihr Augenmerk auf den sakramentalen Charakter der Ehe, ohne jedoch die Rücksicht auf den materiellen Bestand derselben ganz aus den Augen zu verlieren, weil das sittliche Wohl der Ehe mannigfach von dem materiellen beeinflußt wird. Aus diesem letztern Gesichtspunkte hat die Kirche denn auch stets Rücksicht genommen auf die Bedingungen, an welche der Staat die bürgerlichen Wirkungen der Ehe knüpfte: aber sie darf sich nie, und hat sich nie zu einer, ihr Dogma von der Ehe verletzenden Connivenz für die Staatsgesetze verleiten lassen, sie hat nie eine nach ihren Prinzipien gültig geschlossene Ehe auf Grund der bürgerlich ausgesprochenen Annullation derselben auch ihrerseits für aufgelöst betrachtet: quia Sacramenta Ecclesiae, quale est etiam matrimonium, humanis legibus non subduntur." [1]

[1] Wenn nach Wissenschaft und Praxis die Ehehindernisse in verbietende oder aufschiebende (impedimenta impedientia) und in trennende (impedimenta dirimentia) eingetheilt werden, so leuchtet ein, daß die Kirche allein trennende Ehehindernisse aufstellen, d. h. Bedingnisse setzen, und deren Erfüllung unter Strafe der Nichtigkeit der Ehe fordern kann; daß sie Verhältnisse bestimmen kann, deren Vorhandensein das Zustandekommen einer sakramentalen Ehe unmöglich macht. Die durch die bürgerliche Gesetzgebung festgestellten Ehehindernisse hingegen, insoweit sie mit den kirchlichen nicht identisch sind,

---

¹) S. Thom. in IV. Dist. 42. 9. n. 2. art. 2.

können auf kirchlichem Gebiete immer nur als aufschiebende, nie als trennende zur Sprache kommen. Das Recht, trennende Ehehindernisse aufzustellen, hat sich die Kirche ausdrücklich vindicirt: „Si quis dixerit, Ecclesiam non potuisse constituere impedimenta matrimonium dirimentia, vel in iis constituendis errasse, anathema sit."[1]) Es unterliegt dies überhaupt keinem Zweifel, so lange man den sakramentalen Charakter der Ehe festhält, da es niemals Sache der Staatsgewalt sein kann, der Kirche zu diktiren, unter welchen Bedingungen und Voraussetzungen sie ein Sakrament spenden dürfe oder nicht. Wenn demnach der peruanische Priester und Bibliothekar den von Pius IX. verurtheilten Satz aufstellt: „Die Kirche hat keine Gewalt, trennende Ehehindernisse aufzustellen, sondern diese Gewalt steht der Staatsbehörde zu, von welcher die bestehenden Hindernisse aufzuheben sind",[2]) so betrachtet er die Ehe als einen bürgerlichen unter staatshoheitlichem Approbationsvorbehalt geschlossenen Vertrag.[3])

Die schweizerische Ehegesetzgebung spricht der kirchlichen Gewalt das Recht nicht ab, Ehehindernisse aufzustellen, ignorirt aber mit Bezug auf Mischehen nicht blos das kirchliche impedimentum clandestinitatis, sondern auch das Recht und die Thatsache, den Katholiken zu verbieten, oder nur unter gewissen Garantien zu gestatten, mit Angehörigen anderer christlichen Konfessionen eine Ehe zu schließen.

Das eidgenössische Mischehegesetz sammt Nachtrag stützt sich auf das Prinzip des konfessions- und religionslosen Staates, in welchem jeder Unterschied und jede Selbstberechtigung der einzelnen Religionen und Konfessionen außer Acht gelassen wird. Es kann hier nicht meine Sache sein, die Ungerechtigkeit und die Widersprüche dieser rechtlichen Grundlage des modernen Staates nachzuweisen, und es genügt daran zu erinnern, daß der Papst in dem nämlichen Rundschreiben vom 8. Dez. 1864, in welchem er dieses moderne Eherecht verurtheilt, auch den Satz verwirft: „Die Kirche ist vom Staate und der Staat von der

---

[1]) Conc. Trid. sess. 24. can. 4.
[2]) Syllab. Nro. 68.
[3]) Vergl. Heuser, de potest. statuendi imped. dirim. soli Eccl. propria.

Kirche zu trennen",[1] ebenso den Satz: „Man hat löblicherweise in einigen katholischen Ländern durch das Gesetz fürgesorgt, daß den Einwanderern die Ausübung ihres eigenen, beliebigen Kultus gestattet werde."[2] Zudem ist nach §. 44 der schweizerischen Bundesverfassung „die freie Ausübung des Gottesdienstes den anerkannten christlichen Konfessionen im ganzen Umfange der Eidgenossenschaft gewährleistet." Diese Gewährleistung wäre nun allerdings eine leere und lächerliche, wenn gerade der gewährleistende Staat selbst der gesetzgebenden Berechtigung und rechtlichen Forderungen der Kirche hemmend, feindlich, zerstörend entgegen treten dürfte.

Das Verbot nun, das die kath. Kirche an die paritätischen Ehen knüpft, entspricht durchaus den Rechtsprinzipien einer jeden menschlichen (kirchlichen oder staatlichen) Gesellschaft: **Sich so viel möglich vor fremdartiger Beimischung und Verlusten zu schützen.** Während Ehen zwischen Christen und Nichtchristen unbedingt bei Strafe der Nichtigkeit verboten sind, sind gemischte Ehen in jetzigem technischen Sinne: Ehen zwischen Katholiken und nichtkatholischen Christen niemals für ungültig erklärt worden, vorausgesetzt, daß kein impedimentum canonicum dirimens im Wege stehe; stets aber waren sie unerlaubt. „Impedimentum cultus disparitatis, sagt Benedikt XIV. non habet locum in matrimoniis eorum, qui baptismum susceperunt, etsi alter catholicus, hæreticus alter fuerit, cum plane constet, illicita quidem illa, sed rata esse."

2) Dieses kirchliche Verbot ist älter als jede moderne Staatsgesetzgebung und hätte schon deßhalb irgend welche Berücksichtigung verdient. Es gibt kein kirchliches Gesetz, das seit Jahrhunderten von der kirchlichen Hierarchie mit so viel Kampf, Leiden und Thränen und mit so viel Energie wäre gehandhabt

---

[1] Syllab. Nro. 55. — Alban Stolz sagt in seiner neuesten vortrefflichen Broschüre „der Wechselbalg" über die gänzliche Scheidung dieser beiden Gewalten: „den größten Schaden wird nicht die Kirche leiden, sondern der Staat. Wollt ihr diese Trennung vollständig durchführen, so dürft ihr Obrigkeitsmänner keinen Huldigungseid von Bürgern und Soldaten mehr begehren, denn der Eid ist etwas religiöses. Der Staat muß sodann jeden Menschen, also auch seine lieben Beamten, als pure Spitzbuben behandeln, denen man alles Schlechte zutrauen kann, sobald sie keine Strafe zu fürchten haben." S. 12.

[2] Syllab. Nro. 78.

worden, wie das Verbot der Mischehen, dessen Geschichte so recht eigentlich eine Leidensgeschichte ist. Nur die krasseste Unwissenheit oder offenbare Bosheit kann die häufig ausgesprochene Ansicht für richtig halten, daß das aufschiebende Ehehinderniß der Confessionsverschiedenheit neueren Datums sei. Zwei der ausgezeichnetsten Gelehrten Deutschlands haben in den 1830er Jahren die Aufgabe auf sich genommen, die Geschichte dieses katholischen Eheverbotes aktenmäßig darzustellen. Der Erste, J. B. Kutschker[1]) führt unter fortlaufender Benutzung der Quellen und mit großer kritischer Schärfe zuerst die Analogien im alten und neuen Bunde an, dann die Aussprüche der hl. Kirchenväter und Kirchenschriftsteller, die Sentenzen der Concilien und endlich die Entscheidungen und Erlasse der Päpste über die gemischten Ehen. Der Zweite, Dr. F. Kunstmann[2]) bietet eine Geschichte der gemischten Ehen in Deutschland und eine angehängte, soweit möglich vollständige Sammlung der Aktenstücke, welche die Päpste in dieser Angelegenheit erlassen. Beide kommen zu dem Resultate, daß die katholische Kirche und ihr Oberhaupt Mischehen von jeher verboten, mißbilligt und nur ungern und unter gewissen Garantien gestattet habe, und daß dieses Verbot durchaus aus der rechtlichen Organisation und den dogmatischen Grundanschauungen der Kirche hervorgehe.

Diesen zwei katholischen Canonisten gegenüber glaubte der Oberhofprediger Dr. Ch. F. von Ammon[3]) in Dresden die herkulische Arbeit auf sich nehmen zu müssen, mit großem kritischem Aufwand und Ernst „nach den Ansichten des Christenthums, der Geschichte des Rechts und der Sittlichkeit" nachzuweisen, daß die katholische Kirche die eheliche Verbindung zwischen Angehörigen und Häretikern immer als eine wirkliche Ehe angesehen habe (was noch kein vernünftiger Mensch geleugnet hat), und daß die gemischten Ehen ein religiöses Zeitbedürfniß seien.[4]) — Competent zur Ertheilung der dispensatio ab im-

---

[1]) Die gemischten Ehen, vom katholisch-kirchlichen Standpunkte aus betrachtet. Zweite Ausgabe, Wien 1838.
[2]) Die gemischten Ehen unter den christlichen Konfessionen Deutschlands. Regensburg 1839.
[3]) Die gemischten Ehen u. s. w. Zweite Auflage. Dresden 1839.
[4]) Im Vorübergehen will der gute Mann auch noch die Concilien „über die der Geist der Gewohnheit und des Eifers sehr reichlich, der hl.

pedimento mixtæ religionis ist der Papst, und er allein. Es ist nämlich ein für die ganze Kirche verbindliches Verbot, weßhalb den einzelnen Bischöfen das Dispensationsrecht nie zuerkannt wurde, so sehr sich auch einzelne Bischöfe in Frankreich und Deutschland dagegen haben wehren mögen. Gegenüber diesen Anhängern des sog. Episkopalsystems sagt Benedikt XIV.: „Facile perspicere est, hujusmodi matrimonia licita aliter evadere non posse, præterquam in vi dispensationis a Romano Pontifice obtentæ, exclusis Episcopis, nisi a Pontifice facultatem acceperint, ut super iisdem dispensare possint."[1]) Einige Bischöfe Frankreichs hatten von Papst Pius VII. ebenfalls die Befugniß verlangt, für Eingehung gemischter Ehen Dispens ertheilen zu dürfen. Der Papst rechtfertigt seine abschlägige Antwort weitläufig in einem eigenen „Rescriptum ad Episcopos et Vicarios capitulares Galliarum circa dispensationes matrimoniales de 17. Febr. 1809."[2])

3) **Die Bedingungen zur Ertheilung der Dispens** ergeben sich aus dem Recht und der Pflicht der katholischen Kirche, allen ihren Angehörigen und deren Nachkommen den Glauben zu wahren; aus der bezüglichen Gefahr für den katholischen Ehegatten und dessen Kinder, endlich aus der Verbindlichkeit des akatholischen Theiles, die katholischen Kirchengesetze zu beachten.[3])

Die Bedingungen sind somit dreifach:
1) Die Brautleute versprechen, Alle ihre zu hoffenden Kinder in dem katholischen Glauben zu erziehen.
2) Der akatholische Theil gesteht seiner zukünftigen Ehe-

Geist der Wahrheit aber sehr spärlich ausgegossen", von aller fremden Einschaltung säubern, und fügt dann in ächt evangelischer Bescheidenheit bei: „Bei den größern Fortschritten in der Kritik und der Erklärung alter Urkunden überhaupt, der sich die protestantische Kirche rühmen darf, wird es daher nicht befremden, wenn die vorliegende Untersuchung ganz andere Ergebnisse gewährt, als eine der besten Schriften von Verfassern kath. Glaubensbekenntnisses über denselben Gegenstand." Vorrede S. IX.
[1]) De Synod. dioeces. lib. 9. c. 3.
[2]) Bei Kunstmann S. 234. Er sagt u. A.: „Dispensationes has omnino nobis et huic Sanctae Sedi reservamus..... Episcopis vero, licet instantissime postulantibus, eandem licentiam dare, in Europa praesertim, nunquam concessit apostolica Sedes."
[3]) Conc. Trid. sess. VII. can. 7 et 8.

hälfte freie Ausübung ihres Glaubens und ihrer religiösen Pflichten zu.

3) Der katholische Theil verspricht durch erbaulichen Lebenswandel und Ueberzeugungsversuche den häretischen für die katholische Religion gewinnen zu wollen.

Diese Cautionen sind von den Päpsten immer gefordert worden, wie Papst Gregor XVI. behauptet in seinem Breve an die baierischen Bischöfe vom 27. Mai 1832: „Quodsi interdum Romani ipsi Pontifices sanctissimum idem interdictum relaxarunt, in peculiaribus casibus, id sane graves ob causas et ægre admodum fecerunt, suisque dispensationibus consueverunt adjicere conditionem expressam de præmittendis matrimonio debitis cautionibus, non modo, ut conjux catholicus ab acatholico perverti non posset, quin potius ille teneri se sciret, ad hunc pro viribus ab errore retrahendum, sed etiam proles utriusque sexus in sanctitate religionis catholicæ omnino educaretur."[1])

Jedermann wird diese Forderungen als rechtlich und vernünftig ansehen und hätten ohne Staatsgefährde auch von dem hohen Bundesrath dürfen respektirt werden. Die zweite und dritte Bedingung bietet wenig Schwierigkeiten, wird leicht eingegangen, aber höchst selten gehalten. Die Erfahrung konstatirt die Thatsache, daß durchschnittlich gerade die lauesten, im Glauben zweifelhaftesten Katholiken zu gemischten Ehen sich herbeilassen, für die, zur Wahrung ihres Glaubens, eine akatholische Ehehälfte am schädlichsten, und eine eifrig katholische am nothwendigsten wäre. Der Protestantismus ist in sehr vielen Fällen wahrlich um die Aquisitionen nicht zu beneiden, die er an den Katholiken gemacht, die durch Mischehen mit einem Fuß zu ihm übergetreten sind. Größere Verluste hat freilich der Katholicismus dadurch zu erleiden, daß, theils in Folge der Gleichgültigkeit des Katholiken, theils in Folge des den Protestantismus begünstigenden Mischehegesetzes, weitaus der größere Theil der aus Mischehen erzeugten Kinder protestantisch erzogen wird.[2])

---
[1]) Bei Kunstmann S. 257.
[2]) Die „Hist. pol. Blätt." Bd. 59. S. 930 bringen höchst interessante statistische Notizen über die numerischen Verluste der katholischen Kirche in Preußen durch die Mischehen.

Was die Kindererziehung betrifft, so hat man früher in der Schweiz und anderswo dem Grundsatz gehuldiget, daß in gemischten Ehen der Geschlechtsunterschied maßgebend sei, somit die Knaben der Religion des Vaters, die Mädchen der Religion der Mutter zu folgen haben. Wie lächerlich und vernunftwidrig ein solcher Entscheidungsgrund ist, sieht auch ein Kind ein.[1]) Ist denn ein Vater nicht eben so gut Vater seiner Töchter wie der Söhne, und die Mutter eben so gut Mutter ihrer Söhne wie der Töchter? Ist eine katholische Tochter nicht eine immerwährende Anklage gegen den Vater, und ein protestantischer Sohn gegen die Mutter? Ueberhaupt kann der Entscheidungsgrund nie in dem Geschlechte der Eltern und Kinder liegen, sondern in der Wahrheit und Vorzüglichkeit der Religion.

Nach §. 6 des nunmehr geltenden schweizerischen Mischehegesetzes entscheidet der Wille des Vaters über die Religion, in welcher die Kinder erzogen werden sollen. Dies ist ebenso grundsatzlos und noch viel ungerechter als die Entscheidung nach Geschlechtern. Die Religion ist ein für jeden Menschen unveräußerliches Gut. Woher hat der Vater das Recht über dieses Gut nach Laune und Leidenschaft zu verfügen, und woher hat der hohe Bundesrath das Recht, ihm diese Befugniß einzuräumen? Die Gattin ist auch vor dem staatlichen Gesetze die ebenbürtige und gleichberechtigte Lebensgefährtin des Mannes. Wie kann nun in einer Zeit, welche so viel von Emancipation des Frauengeschlechtes spricht, eine Behörde den Müttern gesetzmäßig das Recht rauben, in den größten Interessen für die Kinder, in der Religion, mitsprechen zu dürfen? Die Kindererziehung ist vorzüglich Sache der Mütter, wie soll ihnen nun durch einen Gesetzesparagraph zugemuthet werden, selbe in einer Religion zu erziehen, die nicht die ihrige ist, die sie für eine unwahre, feindliche und für die Ewigkeit nicht beseligende halten? Die Widersprüche, Verlegenheiten und Taktlosigkeiten übrigens, in die sich Gesetzgeber und Eltern bei Bestimmung der Religion für die Kinder verwickeln, sprechen am deutlichsten

---

[1]) Auch der liebe Herr Oberhofprediger von Ammon spricht sich für dieses distinctivum aus, da die Entscheidung nach den Geschlechtern die einzige zu sein scheint, welche sich von empirischer Klügelei fern hält."!! S. a. a. O. Vorrede S. XV. — Der Herr Oberhofprediger hält also den Geschlechtsunterschied für nichts Empirisches?!

für die Unnatur und Schädlichkeit solcher Verhältnisse, und hätten die h. Bundesräthe zu der Einsicht bringen sollen, daß das katholische Verbot der paritätischen Ehen auf Vernunft, Geschichte und Recht gegründet sei.[1])

4) Und doch hat man dieses Eheverbot der katholischen Kirche immer und immer zu einem Vorwurf der Intoleranz, Anmaßung und Verdammungssucht gemacht, obgleich die Katholiken hierin mit den orthodoxen Protestanten gerade so einig gehen, wie in ihrer Ansicht über die Unauflösbarkeit der Ehe. Luther selbst beklagt sich und mißbilligt, daß seine Anhänger mit Katholiken sich so häufig verehelichen. Im Jahr 1520 schreibt er: „Ihr viele nehmen jetzt Weiber nicht um Gottseliges Leben willen, sondern allein umb Reichthumbs, Gewalts und freundschafft und man fraget nicht darnach, ob der Mann oder das Weib Christen sind, wenn sie nur viel Gelts haben, da muß mancher umb eines reichen Weibes willen Gottes Wort fahren laffen, also hat die ganze Welt den Abgott."[2]) Gar treffend sagt der schweizerische Reformator Bullinger:[3]) „Darumb wirt ein Christmann im beziehen der Ee voraus lugen, das er den waren glauben nit verwybe oder verhyrathe, oder in Gfaar stelle." Auffallend ist die Ansicht, welche um's Jahr 1600 der Protestant Albericus Gentilis über die Ehen mit Katholiken ausspricht: „Dico palam: non licet nobis commiscere connubia cum papistis, qui nobis sunt antichristiani; papistae nobiscum non detrectent conjungi, qui illis simus haeretici tantum."[4]) Die Ansicht, daß die Katholiken als Antichristen, Anhänger Belial's u. s. w. anzusehen seien, ist nach dem Vorgange Luthers durchaus keine vereinzelte, und wir sollten es uns noch zur Ehre anrechnen, wenn sich ein Anhänger des reinen Evangeliums herbeiläßt, mit uns in Lebensgemeinschaft zu treten!

---

[1]) In früheren Zeiten war eigentliche Grundbedingung einer zu erhaltenden Dispens die Abschwörung der Häresie des häretischen Theiles. „Neque licentia neque dispensatio conceditur nisi abjurata prius haeresi", schreibt Benedikt XIV. an die Bischöfe Polens den 29. Juni 1748. Erst nach und nach hat man von dieser Forderung abstehen müssen. Z. B. Köln. Syn. v. 1651 bei Hartzheim, tom. IX. p. 729.
[2]) Commentar. ad Deutron. VII. S. Kunstmann a. a. O. S. 35.
[3]) Der christliche Ehestand cap. IV.
[4]) De nuptiis Hanoviae 1601. lib. II. Cap. 19.

Vor mir liegt ein äußerst merkwürdiges Aktenstück aus dem Jahr 1708, zwei Dissertationen über Mischehen von den angesehensten protestantischen Theologen Straßburgs gehalten und veröffentlicht unter dem Präsidium des hochberühmten protestantischen Theologen Daniel Pfeffinger.[1]) Ich will nur einige Sätze als Blumenlese daraus aufführen: „Für Religionsgleichgültigkeit gibt es viel Mittel, aber kein gefährlicheres als Mischehen. Gefällt dem Satan irgend etwas, so ist es das schändliche Band einer Ehe, das Leiber, aber keine Seelen verbindet und das segensreiche Gebet verhindert. Gemischtes verdammt Gott, Zusammengeworfenes verwirft der Himmel. Der Urheber der Ordnung will reine Herzen, also hinweg mit der Mischung. Was der boshafte Feind des menschlichen Geschlechtes mit Gewalt nicht vermochte, das setzt er mit List durch, wovon die größte die Gleichgültigkeit in Sachen der Ehe ist, welche ihre Nachkommenschaft an den schrecklichen Moloch verkauft. Die Gattin muß auch Genossin des Glaubens sein, besonders in einer Zeit, in der der Satan den falschen mit dem wahren Glauben zu verbinden sucht; dazu hat er das schändliche Mittel der Mischehe entdeckt. Ein Vertrag, wornach die Knaben dem Vater, die Mädchen der Mutter im Glauben folgen sollen, ist gottlos, ungültig, dem göttlichen, wie dem Kirchenrechte widerstreitend. Am sichersten ist es für die Protestanten, wo ein obrigkeitliches Verbot geradezu die Mischehen verbietet. In diesem Sinne hat löblicherweise der Magistrat von Straßburg im Jahr 1663 verordnet: „daß die, aus solcher Ehe entspringenden Kinder allzumalen bei unserer Religion sollen aufferzogen werden, mit dem ferneren Anhang, daß wer alsdann solchen Ehepakten zuwiderhandeln wollte, seines Bürgerrechts damit ipso facto privirt und verlurstig sein solle." Das ist die Lehre einer öffentlichen protestantischen Universität über Mischehen, und hätten die schweizerischen Bischöfe in ihrer Eingabe an den hohen Bundesrath eine solche Sprache geführt, wahrlich, unsere Schweizerberge hätten gezittert ob dem Geschrei

---

[1]) Dissertationum theologicarum de nuptiis mixtis priorem (acposteriorem) praeside Daniele Pfeffingero in alma Argentoratensium Universitate MDCCVIII. 26. Mart. Bono cum Deo, loco horisque solitis, tuebitur Elias Führnstein, Joannes Gast. Vergl. Neue Sion vom 14. Mai 1846.

über Intoleranz und Finsterniß.¹) Der ausgezeichnete protestantische Rechtsgelehrte der Neuzeit A. L. Richter urtheilt über die gemischten Ehen in folgender Weise:²) „die evangelische Kirche kann so wenig als die katholische die gemischten Ehen billigen, und die älteren Ordnungen und Synodalbeschlüsse sprechen sich darüber bald ausdrücklich aus, bald enthalten sie wenigstens eine indirekte Hinweisung. Es wird mithin die Pflicht der Geistlichen sein, ihre Angehörigen vor einer Ehe, die nur zu leicht eine manigfache Gewissensnoth zur Folge haben kann, zu warnen, und wenn dies nicht fruchtet, wenigstens dahin zu wirken, daß nicht der evangelische Bräutigam sein Recht zum Schaden seines Gewissens mißbrauche, die evangelische Braut nicht, gleichgültig gegen ihre Zukunft, auf eine Stütze ihres Glaubens in ihrer Familie verzichte. **Sichert nun dennoch der evangelische Bräutigam alle Kinder der römischen Kirche zu, so wird ihm nicht nur der Segen zu verweigern sein, sondern er sollte auch wegen der ihm zur Last fallenden positiven Verschuldung der Zucht unterworfen werden.**"³)

Entsprechend den Ansichten der protestantischen Theologen und Juristen über die gemischten Ehen bildete sich auch die Praxis der Protestanten, und gerade während dem tridentiner Concil waren die Fälle häufig, wo den gemischten Ehen von Seite der Protestanten die Einsegnung verweigert wurde. Im Jahr 1559 überreichten die katholischen Reichsstände dem Kaiser eine Beschwerdeschrift, worin sie klagten, daß die katholischen Unterthanen von den hergebrachten Aemtern ausgeschlossen, man

---

¹) Vergl. noch andere entsprechende Stellen bei Gerhard loci theologici tit. de matrimonio. Carpzow jurisprudentia consistorialis tit. I. def. VI. Nro. 26, wo Ehen zwischen Lutheranern und Katholiken nur dann für erlaubt erklärt werden, wenn Aussicht vorhanden sei, den Katholiken zur Annahme der Lutherischen Lehre zu bewegen, und wenn die Kinder in dieser Religion erzogen würden. — Ferner Loy protest. Eherecht Thl. I. S. 210.
²) Lehrbuch des K. R. 6. Aufl. Leipzig 1867. S. 873.
³) Trotzdem nennt dieser gelehrte Berliner Hofcanonist das kath. Mischeheverbot auf der nämlichen Seite seines oft sehr katholikenfeindlichen Werkes: „eine erneuerte Protesterklärung gegen die evangelische Kirche und gegen den in schweren Kämpfen errungenen deutschen Rechtsstand überhaupt."?!

hebe den gewerblichen Verkehr und jede Gemeinschaft mit ihnen auf, wolle ein Katholik eine Ehe mit einem Augsburger Konfessions-Verwandten eingehen, so werde demselben die Einsegnung der Ehe, auch die Taufe der Kinder verweigert; selbst von der Gevatterschaft würden die Katholiken ausgeschlossen, wenn sie nicht ein förmliches Versprechen durch einen Handschlag leisten wollten, zur Augsburger Konfession überzutreten.¹) In Frankreich haben um die gleiche Zeit mehrere reformirte Synoden diese Praxis zum Gesetz erhoben. So hat die Synode von Lyon (1563) den Geistlichen verboten, eine Reformirte mit einem Katholiken zu trauen, wenn letzterer nicht dem Katholizismus entsage und zu den Reformirten übertrete. Die Synode von Saumur (1596) forderte, daß diejenigen, welche die Einsegnung erhalten wollten, zuerst das Abendmahl nach reformirtem Cultus empfangen müßten. Die Synode von Montpellier (1598) erklärt solche Ehen für durchaus unerlaubt, verbietet sie in den Kirchen zu schließen, und spricht über Geistliche, welche eine solche Ehe einsegnen würden, die Strafe der Suspension und Amtsentsetzung aus.²) Es sei ferne von mir, diese Ansicht und Handlungsweise des Protestantismus in Sachen der Mischehen als intolerant zu tadeln, gegentheils liegt darin der Beweis, daß eine jede rechtlich bestehende Religionsgesellschaft die Ehe als ein ihrer Jurisdiktion unterworfenes Institut ansieht, und die Bedingnisse und Erfordernisse bestimmen kann, unter welchen sie derselben ihre Sanction ertheilt. Dazu kommt dann freilich bei der katholischen Kirche noch als ein wesentlicher Faktor das Bewußtsein der Bevorzugung als der wahren, von Christus gestifteten Anstalt, der die Wahrung und Ausspendung der Heilsgnaden anvertraut ist, die sich an eine, in der von ihr bestimmten Weise geschlossene Ehe knüpft, und auf die Jedermann nur ungerne verzichtet.

Es wird übrigens der kath. Kirche durch den 68. Satz des Syllabus nicht bloß die Gewalt abgesprochen, Ehehindernisse aufzustellen, sondern beigefügt, daß die bürgerliche Auctorität die bestehenden (kirchlichen) Verbote beseitigen sollte. Auch hierin stimmt die hohe Bundesbehörde der kirchlich verurtheilten

---

¹) Lehmann acta publica. Franff. 1707. Tom. 1. fol. 84.
²) Vergl. Kunstmann a. a. O. S. 49.

Ansicht, wenn nicht durch Gesetzesbeschluß, doch der Ueberzeugung nach, bei. Es wurden nach den Berichten der öffentlichen Blätter letztes Jahr (1867) in deren Mitte weitläufige Erörterungen gepflogen, welche auf gänzliche Beseitigung aller Ehehindernisse und totale Freigebung derselben von Seite des Staates abzielen. Man war der Ansicht, daß die Ehe eine „natürliche Funktion" sei, die man ebensowenig verbieten oder regeln könne als das Athmen und Verdauen.¹)

Mit der schweizerischen Staatsgewalt harmoniren auf's Genaueste die Vertreter der protestantischen Landeskirche. Ungefähr um die gleiche Zeit tagte die protestantische Predigergesellschaft in Glarus. Das Thema für die Behandlung des zweiten Tages war: „Wie verhält sich die gegenwärtig zu Tage tretende Auffassung der Ehe zur Idee derselben? Der Referent, Antistes Metzger in Schaffhausen erörterte diese Frage, und die Versammlung stimmte ihm in folgenden Ergebnissen bei:

1) Die Auffassung der Ehe in der schweizerischen Gesetzgebung ist im Allgemeinen eine würdige.
2) Im Einzelnen hemmen aber doch noch viele Bestimmungen die Freiheit, das Recht und die Heiligkeit der Ehe.
3) Die Kirche, besonders die Geistlichen sollen die ursprüngliche Idee der Ehe verkünden und sie an's Gewissen des Volkes legen.
4) Es ist von der Predigergesellschaft eine Denkschrift an die Bundesbehörden zu richten, um die Freiheit der Ehe im Interesse des Volkes zurückzufordern.

Eine solche Denkschrift wurde dann wirklich mit 63 von 88 Stimmen beschlossen. Die ehrwürdige geistliche Versammlung war überdies vorwiegend für Einführung der obligatorischen Civilehe, „weil man keinen andern Weg sehe, um den Chicanen der katholischen Kirche in Sachen der Mischehen ein

---

¹) Mit dieser thierischen auf die bloßen Geschlechtseigenschaften sehenden Auffassung der Ehe stimmt schon Luther überein: „Darumb wiße, daß die Ehe ein eußerlich leiblich Ding ist, wie andere weltliche hantirung. Wie ich nun mit einem Heiden essen, trinken u. s. w. mag, also mag ich auch mit im ehelich werden und bleiben, und kehre dich an der narren Gesetze, die solches verbieten, nichts." Sermon vom ehelichen Leben. Walch'sche Ausgabe Band 10. S. 716.

Ende zu machen", wie Herr Pfarrer Kambli von Horgen sagte.¹)

Diesem zügellosen Freiheitsschwindel gegenüber wäre es ein Leichtes, die natürliche, geschichtliche, vernünftige und sittliche Berechtigung und Zweckmäßigkeit jedes einzelnen canonischen Ehehindernisses nachzuweisen. Was Ch. Moufang von dem Verbot der Verwandtschaft sagt, gilt von allen: „Wer an die Kirche, als die vom heiligen Geiste erfüllte Stellvertreterin Jesu Christi glaubt, der ist zum Voraus überzeugt, daß alle ihre Gesetze überaus weise und heilsam sind, hervorgegangen aus jener höheren Erleuchtung und Liebe, die der Kirche eigen ist. Wenn aber ein solches Gesetz dem Eigenwillen, dem Eigennutz, den erwachenden Leidenschaften der Menschen widerspricht, so sind alsbald die davon Betroffenen geneigt, an dem Nutzen solcher Vorschriften zu zweifeln."²) Gegentheils greift der gewissenlose Mensch mit Hast nach einem Gesetz oder einer Freiheit, welche ihn von bisherigen Schranken befreien, wie der Dichter sagt:

„Wir fassen ein Gesetz begierig schnell
Das unserer Leidenschaft zur Waffe dient."³)

So steuert der moderne Liberalismus in Staat und Religion mit vollen Segeln der gänzlichen Emanzipation der Ehe von den Schranken und Gesetzen der Kirche, und der obligatorischen Civilehe zu, und wie in Baden und Oesterreich wird bald „der Wechselbalg erscheinen, womit der Schweiz aufgeholfen werden soll". Man hat es vorerst versucht, auf dem Wege des Konkordates⁴) die Civilehe, dieses uneheliche Kind der französischen Revolution auf den jungfräulichen Boden unseres Vaterlandes zu verpflanzen. Allein, Dank dem moralischen Takt des Volkes und einiger Regierungen, eine erbärmliche Rolle spielt, und in diesem Moment (August 1868) als mißglückt muß betrachtet werden. Besonders ehrenhaft hat sich das katholische Volk des Kantons St. Gallen gegen diese „Zigeunerehe" gewehrt, und selbe mit großer Mehrheit, durch

¹) Bericht der „Zeitstimmen". S. Schwz. Blätter. 1868. Heft 2. S. 32.
²) Das Verbot der Ehen zwischen nahen Verwandten. Mainz 1863. S. 3.
³) Goethe Iphygenie Akt 5. Scene 3.
⁴) Schwz. Blätter 1868. Aprilheft.

das „Veto" den Bach abgeschickt. Doch ist im Schooße der Bundesbehörden bereits die Ansicht laut geworden, daß wenn es nicht durch ein Konkordat gehe, es durch ein **Bundes=gesetz** gehen müsse, gleich den Mischehen. Ihrerseits aber erklärt die kath. Kirche wiederholt und bestimmt, daß sie nicht blos berechtigt sei, Ehehindernisse aufzustellen, sondern daß die Ehesachen im Umfange des Sakramentes ausschließlich vor ihr Forum **gehören** und ist dabei von der Ueberzeugung geleitet, daß sie dadurch der menschlichen Gesellschaft einen unermeßlichen Dienst leistet, was sogar von deren Todfeinden anerkannt wird. Ich will nur den Fürsten der Katholikenhasser anführen. Vol= taire sagt: „Es ist gewiß, daß man durch Erhebung der Ehe zu einem Sakramente die eheliche Treue zu einer heiligern Pflicht, und den Ehebruch zu einem häßlichen Laster gemacht hat." [1]) Indem die schweizerische Gesetzgebung die Mischehen ihres sakramentalen Charakters entkleidet, von dem kirchlichen Verbote befreit und nach ausgesprochener Scheidung die Wie= derverehlichung gestattet, hat sie der ehlichen Treue die Heilig= keit, und dem Ehebruch die Häßlichkeit genommen, und dadurch nicht blos der Kirche, sondern auch sich selbst geschadet. Der tapfere Vertheidiger der katholischen Sache, Petrus Mirer, Bischof von St. Gallen, betont in dem Memorial, das er gegen das Mischehegesetz unter'm 28. Oktober 1850 an die h. Bundesversammlung richtete, [2]) besonders diesen Punkt, und sagt sehr treffend: „Es werden die Familien in ihren christ= lichen Grundlagen gebrochen, die Gemeinden in ihrem bisherigen religiösen Bestande auf's Tiefste erschüttert, die christlichen Con= fessionen in ihrer Integrität aufgelöst, Elemente, die Gott von einander schied, unter einander vermengt und zusammengewür= felt, um im ganzen Volke einem religiösen Indifferentismus Thür und Thor zu öffnen. Hat nun die Staatsgewalt, mit der Kirche vereint, nicht das höchste Interesse, solchen Bestre= bungen sich mit aller Gewalt entgegenzusetzen, in einer Zeit,

---

[1]) „Il est certain, qu'en faisant du mariage un Sacrament, on faisait de la fidelité des épous un devoir plus saint, et de l'adultère une faute plus odieuse." Oeuvres de Voltaire ed. de Kehl tom. XVII. pag. 290.
[2]) Durch die Bisthumskanzlei St. Gallen handschriftlich gefälligst mitgetheilt.

in welcher die destruktivsten Doktrinen und Gelüste die Grund=
vesten der Sozietät geheim und offen untergraben, und alle
übrigen Regierungen, von der Erfahrung belehrt, daß Men=
schen ohne Religion und Glauben, ebenso gefährliche Bürger
des Staates als schädliche Glieder der Kirche sind, Allem auf=
bieten, um die Ehen, das Familienleben und die Kindererzie=
hung wieder auf christlich=religiöse Grundlagen zurückzuführen!
Wahrlich, es hält schwer zu bestimmen, wer durch die Ueber=
handnahme der gemischten Ehen größeren Schaden leidet, der
Staat oder die Kirche. Dieser ist eine ewige Dauer zugesi=
chert, wenn sie auch zur Strafe einem Volke entrissen werden
sollte, der Staat aber muß ohne ein religiös geordnetes Fami=
lienleben zu Grunde gehen."

IV. Die Ehe, — auch die gemischte — gehört vor die kirchliche Gerichtsbarkeit.

Ueber die Jurisdiktion in Ehesachen hat uns das Conc.
Trid. nicht im Dunkeln gelassen, es bestimmt: „Si quis dixerit, causas matrimoniales non spectare ad judices ecclesia-
sticos, a. s.,[1]) mit welcher Entscheidung die Ansicht des heu=
tigen Liberalismus in direktem Widerspruch steht, behauptend:
„die Ehesachen und Sponsalien gehören ihrer Natur nach in
den Bereich der bürgerlichen Gerichtsbarkeit." (Syllab. N. 74.)

Auch das schweiz. Gesetz entreißt der Kirche vorbehaltlos
alle Gerichtsbarkeit betreffs Mischehen, indem §. 1. des Nach=
tragsgesetzes apodiktisch lautet: „Die Klage auf Scheidung
einer gemischten Ehe gehört vor den bürgerlichen Richter"; und
unterstellt die Ehe mit Rücksicht auf den confessionell gemischten
Charakter ganz ihrer Jurisdiktion.

Als das Nachtragsgesetz, betreffend Scheidung vor den
hohen Bundesbehörden ventilirt wurde, wurde eine Kommission
aufgestellt, welche die Sache berathen und verarbeiten sollte.
Dieselbe bestand aus den Herrn Nationalräthen Dr. Weber,
Berichterstatter; P. Migy; v. Streng; Piaget und Ph.
Camperio. Diese Männer des Rechtes legten nun der Be=
hörde unterm 20. Januar 1862 einen schriftlichen Bericht über

---

[1]) Sess. 24. can. 12.

Scheidung gemischter Ehen vor,¹) der ein Meisterstück von sophistischer und prinzipienloser Beweisführung ist, ganz nach Art des niedersten Advokatenhandwerks, baar jeder höhern Rechtsanschauung. In diesem interessanten Aktenstücke werden folgende ungeheuerliche Sätze bewiesen:

1) „Die Scheidung gemischter Ehen ist kirchlich und staatlich möglich, ohne die Rechte der katholischen oder protestantischen Kirche zu verletzen."

Nachdem nachgewiesen, daß auch die **gemischte** Ehe ein Sakrament, und somit unauflöslich sei, ist es unschwer einzusehen, ob eine Scheidung derselben die Rechte der katholischen Kirche verletze oder nicht. Warum hat denn der schweizerische Episcopat eine protestirende Eingabe an die nämliche hohe Behörde gerichtet, und darin nachgewiesen, daß das Ehescheidungsgesetz „**den Glauben der katholischen Kirche**, die Sitten und die unbestreitbar erworbenen Rechte der katholischen Schweizer verletze?" Die Bischöfe werden doch so gut wie die Bundesräthe wissen, was die Rechte der katholischen Kirche verletzt!

2) „Dem Bunde steht die Competenz zu, allgemein verbindliche Grundsätze oder Bestimmungen über Scheidung gemischter Ehen aufzustellen."

Als Curiosum muß die ganze Begründung dieses äußerst wichtigen Satzes angeführt werden, sie lautet: „Diese Frage darf wohl keiner weitern Erörterung beim gegenwärtigen Stande der Sache. Die Bundesversammlung hat unterm 3. Dez. 1850 ein Bundesgesetz erlassen über Eingehung von gemischten Ehen; sie hat die Competenz dazu sicher aus dem Art. 44 der Bundesverfassung abgeleitet. Die Bestimmungen über Scheidung der Ehen sind unbestreitbar nur die Consequenzen der Bestimmungen über Eingehung derselben. Wenn die Bundesversammlung competent war, Bestimmungen über Eingehung paritätischer Ehen aufzustellen, so muß sie folgerichtig auch zur Aufstellung von Bestimmungen über Scheidung derselben competent sein. In den Ehegesetzen aller Staaten kommen nach den Bestimmungen über Eingehung der Ehen auch solche über Trennung derselben vor, sei es von Tisch und Bett, sei es vom Bande.

---

¹) Schweiz. Bundesblatt v. 17. Febr. 1862. S. 325.

Beide Arten von Bestimmungen gehen immer vom gleichen Gesetzgeber aus. Wenn die Bundesversammlung daher befugt war, ein Gesetz über Eingehung der paritätischen Ehen zu erlassen, so muß sie daher nach allgemeinen Rechtsbegriffen befugt sein, ein solches über Trennung oder Scheidung derselben aufzustellen."

So argumentirt die hohe Bundesversammlung. Es ist äußerst bemühend für einen Schweizerbürger, der sein schönes, freies Vaterland liebt, von seiner Landesobrigkeit, der Wohl und Weh des ganzen Volkes anvertraut ist, Solches zu lesen; und es ist äußerst schwer, darüber zu schreiben, ohne den seinen Vorgesetzten schuldigen Respekt zu verletzen; Trugschlüsse aufzudecken, die auch der einfachste Bürger auf den ersten Blick einsieht, und an jeden Bundesrath die beschämende Frage stellen kann: „Forse Tu non pensavi, ch'io loico fossi?"[1]

Art. 44 der Bundesverfassung der für den Bundesrath die Competenz enthalten soll, Gesetze über Eingehung und Scheidung gemischter Ehen aufzustellen, lautet: „Die freie Ausübung des Gottesdienstes ist den anerkannten christlichen Confessionen im ganzen Umfange der Eidgenossenschaft gewährleistet. Den Kantonen, sowie dem Bunde bleibt vorbehalten, für Handhabung der öffentlichen Ordnung und des Friedens unter den Confessionen die geeigneten Maßnahmen zu treffen." Ob hierin eine Berechtigung für Aufstellung von Gesetzen über Eingehung und Scheidung von Mischehen liege, überlasse ich dem Scharfsinn und dem Gewissen der Herren Bundesräthe; ich frage nur: Wird ein Gesetz zur Handhabung der öffentlichen Ordnung und des Friedens unter den Confessionen beitragen, gegen welches die eine Confession durch ihre Vorgesetzten Klage führt, daß es ihre Rechte und Dogmen verletze?

Die Competenz, die Scheidung gemischter Ehen gesetzlich zu ermöglichen, basirt auf der Thatsache eines früher gegebenen Gesetzes über deren Abschließung. Und das Gesetz über Abschließung basirt auf §. 44 der Bundesverfassung. Und §. 44 der Bundesverfassung, im Fall er wirklich eine solche Erlaubniß enthalten sollte? — Es ist dies die Theorie „der vollendeten Thatsachen", welche von Kirche und Vernunft ver-

---

[1] Dante, Inferno c. 17.

worfen ist.[1]) Das Gesetz über Eingehung der Mischehen widerstreitet, wie wir gesehen, den Rechten der Katholiken, welchen gerade laut §. 44 der Bundesverfassung freie Ausübung ihres Glaubens gewährleistet ist. Die katholische Presse und Bischöfe haben dagegen protestirt, und nun beruft sich die h. Bundesversammlung auf diese Rechtsverletzung, um darauf die weitere Befugniß zu stützen, wiederum das nämliche katholische Recht zu verletzen!

Wenn die Civilbehörde überhaupt schon den Kreis ihrer Befugnisse überschreitet, indem sie **mehr als die bürgerlichen Folgen** der Mischehe zum Gegenstand ihrer Gesetzgebung macht, so ist die Verletzung um so einschneidender, wenn der innerste Kern und Nerv des Eheinstitutes — die Unauflösbarkeit — verwundet wird. Man sagt, die Ehe sei ein bloßer Vertrag. Wenn sie dieses ist, so wird er von den Contrahenten unter Vermittlung des kirchlichen (katholischen oder protestantischen), Ministers, keineswegs aber unter hülfreichem Beistande der hohen Bundesbehörde geschlossen. Was sie also nicht zusammengefügt hat, darf sie auch nicht trennen, noch viel weniger, was Gott zusammengefügt hat: „Quod Deus conjunxit homo non separet." Was **kirchlich** gebunden wurde, kann nicht **staatlich** gelöst werden.

Die paritätischen Ehen sind eine **gemischte** Angelegenheit, und dieser spezifische Charakter fordert eine ausnahmsweise Gesetzgebung. Soll diese Gesetzgebung aber gegen beide Interessenten, die katholische und protestantische Konfession, gleich gerecht sein, so muß sie Bestimmungen treffen, welche deren eigenthümliche Dogmen nicht bedrohen. Ein solcher Mittelweg wäre der hohen Bundesobrigkeit offengestanden, wenn sie sich doch bemüßigt gefunden, allfälligen Mißverhältnissen in Mischehen ordnend entgegenzutreten. Die katholische Kirche hat ebenso wie der Protestantismus, ein Mittel, Ehegatten, für die ein weiteres Zusammenleben nicht rathsam oder nicht möglich ist — zu scheiden; es tritt eine Auflösung der Lebensgemeinschaft, entweder zeitweilig oder auf Lebenszeit ein — eine **Scheidung von Tisch und Bett**.

---

[1]) Syllab. Nro. 50. „Das Recht besteht in der materiellen Thatsache, alle menschlichen Pflichten sind nur ein leerer Name, und alle menschlichen Thaten haben Rechtskraft."

Die nationalräthliche Kommission hat in ihrem Berichte die bezüglichen Paragraphe der kantonalen Gesetzgebungen gesammelt, als Beweismittel, daß auch diese schon eine Scheidung nicht blos der protestantischen, sondern auch der gemischten Ehen zulassen; allein alle diese Gesetze sprechen einerseits durchgängig nur von einer Scheidung bezüglich Tisch und Bett, anderseits läßt sich eine Verletzung der kirchlichen Rechte von Bundeswegen durch unkirchliche Kantonalgesetze nicht rechtfertigen. Warum begnügt man sich also nicht mit einer Trennung von Tisch und Bett, welche das katholische Bewußtsein nicht in einem solchen Grade gekränkt hätte? Woher und wozu die Erlaubniß zu einer neuen Ehe?

Wenn allerdings §. 5 des Nachtragsgesetzes es der kantonalen Gesetzgebung vorbehält, dem katholischen Ehegatten „aus Grund des Lebens des geschiedenen andern Ehegatten die Wiederverehlichung zu untersagen," so bietet dies keine Garantien für die Erhaltung der katholischen Rechte, weil ein Mann von Gewissen auch mit staatlicher Erlaubniß gegen das Kirchengesetz keine neue Ehe schließen würde, und ein Gewissenloser würde dadurch nur in Immoralität versinken.

Hiegegen macht der h. Bundesrath den Einwurf, daß der protestantische Theil nicht aus dem Grunde der Rechte und Freiheiten seiner Konfession verlurstig gehen dürfe, weil er mit einem Katholiken ehlich verbunden sei. Allein auch angenommen, ein Protestant könne bona fide vermöge den Satzungen seiner Konfession eine gültig geschlossene Ehe lösen und eine neue schließen, so nimmt er doch, indem er eine gemischte Ehe eingeht, gewisse Pflichten und Rücksichten gegen seine katholische Ehehälfte auf sich, die mit einer protestantischen nicht verbunden sind. Daß der katholische Theil sich nie und nimmer trennen darf, um sich wieder zu verehlichen, das muß der Protestant zuvor wissen; und sich um so ernstlicher prüfen, ob sich Herz zum Herzen findet, gleich wie der Katholik nie vergessen darf, daß sein protestantischer Gatte möglicher Weise sich wieder trennen könnte. Hat man aber freiwillig und mit wohlbedachtem Gemüthe eine gemischte Ehe geschlossen, so wird auch der Protestant mit Rücksicht auf den katholischen Lebensgefährten auch deren eigenthümlichen Pflichten und Lasten tragen müssen.

Doch troß allen diesen rechtlichen Anschauungen erklärt sich der h. Bundesrath nicht blos competent, die Scheidung gemischter Ehen auszusprechen, sondern glaubt noch, dadurch der Gegenwart eine außerordentliche Rechtswohlthat zu erweisen. Die nationalgerichtliche Kommission beweist nämlich noch folgenden Satz:

3) „Die Erlassung eines Bundesgesetzes über Scheidung paritätischer Ehen ist in gegenwärtigen Zeitmomenten als zeitgemäß anzusehen, und kann überhaupt gerechtfertigt werden."

Die bundesräthliche Einführung der freien Niederlassung und das eidgenössische Mischehegesetz von 1850 haben allerdings die Zahl der Mischehen gesteigert; und indem die katholische Kirche in ihren stabilen Rechtsnormen einer solchen Wandelbarkeit gesellschaftlicher Einrichtungen nicht auf dem Fuße nachfolgen kann und nicht will, läßt sich eine schweizerische Gesetzgebung über Eingehung und Lösung gemischter Ehen als gerechtfertigt erkennen, aber nur, insofern diese gesetzlichen Bestimmungen einzig die **bürgerlichen** Folgen der Ehe in sich schließen, und gegen die canonischen Satzungen der Konfessionen nicht verstoßen.

Aber daß eine gesetzlich ermöglichte **gänzliche Scheidung und Wiederverehlichung** zeitgemäß sei, ist nicht so leicht zu begreifen. Eine Ehescheidung ist immerhin ein Unglück für die Betreffenden und ihre Nachkommen, das man so viel und so lang als möglich verhüten muß. Das sieht auch die Mischehe-Kommission ein, indem sie die Zeitgemäßheit ihres Antrages auf den unbestrittenen Satz stützt: „die Menschen sind gebrechliche Wesen." Allein den Sturz in dieses Unglück so leicht als möglich zu machen, ist doch wohl nicht Sache einer weisen Gesetzgebung. Eine zeitweilig unglückliche, durch Leidenschaften getrübte Ehe ist doch noch besser, als eine gänzlich aufgelöste, indem jene der Hoffnung auf Besserung und Aussöhnung noch Raum gibt und die Kinder nicht gänzlich verwaist läßt.

Ehescheidungen sind aber nicht blos als Unglück bedauernswerth, sondern sie sind auch unsittlich und führen zur Unsittlichkeit. Laut Erfahrung und statistischen Tabellen sind jene Gegenden und Konfessionen auch in allen übrigen Beziehungen am schlechtesten beleumdet, welche den Ehescheidungsgerichten am meisten Beschäftigung und Verdienst geben. Im August 1858 wurde der Kölner Zeitung aus London geschrieben: „Einer der merkwürdigsten Orte der Hauptstadt ist gegenwärtig der Ehescheidungs-Gerichtshof. Es herrscht in demselben ein gewaltiges Gedränge, und die Leichtigkeit, mit der die Bande der Ehe gelöst werden, ist erstaunlich. 9 bis 10 Ehescheidungen kommen im Durchschnitt täglich vor, und noch 130 Paare, die sich scheiden lassen wollen, stehen auf der Liste. Früher kamen in England jährlich nur 2 bis 3 Ehescheidungen vor, aber das seit Jenner in Kraft getretene Gesetz führt diesen Unfug herbei." Wer solche Nachrichten und Thatsachen liest, entnimmt daraus zweierlei: erstens weiß er daraus das moralische Niveau Londons zu bestimmen, wenn es ihm nicht ohnehin sattsam bekannt wäre; zweitens schließt er daraus, daß überall, wo die Ehescheidung gesetzlich erleichtert wird, selbe immer mehr zunimmt.

Indem also der h. Bundesrath eine Ermöglichung und Erleichterung der Ehescheidung für zeitgemäß hält, gibt er dem moralischen Zustande der Schweiz kein schmeichelhaftes Zeugniß, und gedenkt auch nicht, selben durch gesetzliche Verordnungen zu verbessern.

Die Leichtigkeit, mit der sich die h. Bundesbehörde über das Bedenken hinwegsetzt, es möchte ihr Scheidungsgesetz die Moral verletzen, ist in der That bewunderungswürdig: „Wir glauben mit Zuversicht, heißt es in dem angeführten Bericht, daß auch bei der katholischen Bevölkerung die Ansicht keinen Eingang finden werde, daß die Aufstellung eines Bundesgesetzes über Scheidung paritätischer Ehen die Moral verletze. Die wichtigsten Beweise sprechen hiefür. Schon lange besteht die Scheidung paritätischer Ehen gesetzlich auch in Kantonen, deren Bevölkerung zum großen, ja wie im Kanton Solothurn, zum größten Theil aus Katholiken besteht; das katholische Volk hat dort keinen Anstoß daran genommen, warum? weil es so tolerant ist, die abweichenden religiösen Grundsätze der Protestanten über die Ehe nicht zu verdammen. Wenn diese Toleranz möglich ist in jenen Kantonen, sogar in Solothurn, am Sitze eines katholischen Bischofes, sollte sie weniger möglich sein in denjenigen Kantonen, wo die paritätischen Ehen bisher seltener und die Scheidung derselben gesetzlich noch nicht zulässig war? Sollte das katholische Volk in diesen Kantonen nicht auch zu

begreifen im Stande sein, daß die Ehe nicht allein ein kirch=
liches Institut, sondern zugleich auch ein bürgerlicher Vertrag
sei, und daß die Protestanten dieselbe nach ihren religiösen Be=
griffen nicht für unauflöslich halten können? Sollte es nicht
möglich sein, daß Katholiken und Protestanten in diesen Kan=
tonen, wie in den andern, die gegenseitigen religiösen Ansichten
über die Ehe christlich dulden und respektiren?"

Es ist eine seltene Erscheinung, in den Räumen des theuren
Bundespalastes die Toleranz der Katholiken rühmen zu hören,
aber noch seltener und seltsamer ist es, im Vertrauen auf ihre
gutmüthige Toleranz die Katholiken in ihren Rechten und
Satzungen zu beleidigen und zurücksetzen.

Daß Erleichterung der Ehescheidungen die guten Sitten
des Volkes nicht gefährden, gegentheils zeitgemäß sei, ist leicht
behauptet, die Praxis zeigt aber ein ganz anderes Bild. Der
damalige Geschäftsträger des apostolischen Stuhles in der
Schweiz, Mgsr. Bovieri, hat in seiner Eingabe vom 22. April
1862 dem h. Bundesrathe deutlich genug geschildert, ob ein
Ehescheidungsgesetz zeitgemäß sei, und überhaupt gerechtfertigt
werden könne; er sagt u. A.:[1] „Das eidgenössische Gesetz
trägt in sich den Keim sehr trauriger Folgen. Wahrlich, während
dem Beisammenwohnen beeinträchtigt es die wahre eheliche Liebe
bei den Ehegatten, indem es ihnen die Möglichkeit einer gänz=
lichen Scheidung in Aussicht stellt; es eröffnet zum Nachtheil
der ehlichen Treue den Weg zur niedrigen Berechnung der
Interesse oder der Leidenschaft, wo sie sich einstellt. Die ka=
tholische Lehre dagegen bestrebt sich mit aller Macht, diese Uebel
ferne zu halten; darum sind auch bei den Katholiken, wo die
Lehre der Kirche geachtet ist, die körperlichen Scheidungen (von
Tisch und Bett) so selten, im Vergleich zu den Scheidungen
bei den Protestanten. Ist die Scheidung laut Gesetz einmal
ausgesprochen und dadurch der katholische Ehegatte in die un=
selige Lage versetzt, sich von seinem Lebensgefährten verlassen zu
sehen, der Protestant aber, der eine neue Verbindung eingeht,
in einen Zustand übergegangen ist, der eine Art Polygamie ist,
und schwerlich weder zu seinem Glücke noch zu seiner Ehre bei=
trägt: so versetzt nebstdem diese Scheidung die Kinder in die

---

[1] Schweiz. Blätter. 1862. S. 297.

ungünstigste Lage, nicht bloß in Betreff der zeitlichen Güter, die sie vielleicht mit andern Geschwisterten zu theilen haben, die sie als im Ehebruch erzeugt betrachten müssen, sondern auch in Bezug auf die öffentliche Achtung, die nothwendig mehr oder weniger leidet; und in Bezug auf Erziehung, welche selbst bei aller Vorsicht der Gesetzgebung immerhin mangelhaft sein wird." Diese Worte sind erfahrungsgemäß, und zeigen sattsam, daß ein solches Gesetz gar nicht kann gerechtfertigt und als zeitgemäß erklärt werden.

Doch, sagt man, dies Gesetz wurde aufgestellt im Namen und zu Gunsten der persönlichen Freiheit, und ist deßhalb zeitgemäß, weil die Gegenwart diese Freiheit zu vergrößern und zu schützen übernimmt.

Alle Ehegesetze sind ihrer Natur nach Sittengesetze. Es ist nun aber eine politische Verkehrtheit, die Freiheit eines Volkes auf Kosten der Sittlichkeit zu erweitern. Es ist mir möglich, diese Ansicht durch die größte diplomatische Auktorität der Schweiz zu beweisen. Herr Nationalrath Dr. J. Dubs in Zürich sagt in seiner neuesten Schrift, die soeben die Presse verlassen hat und von allen Schweizern der ernstesten Beachtung werth ist, wenn sie auch nicht durchgängig mit den katholischen Grundsätzen harmonirt:[1)]

„Will man eine Erweiterung der Rechte des Volkes vornehmen, so muß man gleichzeitig die Sitten kräftigen. Will man insbesondere allzu materialistische Strömungen im Volke bekämpfen, so ist das Bedürfniß einer sittlichen Kräftigung des Volkes noch viel größer, und man kommt auch nur durch diese zum gewünschten Ziele. Materialismus mit Materialismus bekämpfen, ist nichts anderes, als den Teufel mit Beelzebub austreiben. Der Grundgedanke des Sittengesetzes, wie überhaupt der innerste Herzschlag jedes Menschen ist aber religiöser Natur. Die Menschen geben ihm verschiedene Namen, aber er ist immer und ewig der gleiche Gedanke eines geheimnißvollen Zusammenhanges, eines tief innern Verbundenseins aller Wesen und alles Lebens. Die Gemeinschaft, welche den religiösen Gedanken pflegt, verdient deßhalb auch von Seiten des Politikers die größte Beachtung, und findet sie

---

[1)] Die Schweiz. Demokratie in ihrer Fortentwicklung. S. 68.

auch immer mehr, denn die Zeit ist offenbar am Vergehen, wo man den Freisinn durch Mißachtung oder Ignorirung der Kirche dokumentiren zu müssen glaubte. Bei einer natürlichen Auffassung der Dinge muß es ja jedem Politiker einleuchten, **daß die Kirche von Natur aus keineswegs eine Feindin des Staates ist, sondern daß sie demselben als freundliche Gehilfin die größten Dienste leistet, wenn sie ihm die Wurzeln seiner Existenz in den Sitten gesund erhält, den Gemeinsinn stärkt und den Glauben an die höhere Bestimmung immer neu auffrischt."**

Diese geistreichen Worte des großen Staatsmannes, veranlaßt durch die neuesten Reformbestrebungen und die Jagd nach Erweiterung der Volksrechte in den Kantonen Zürich, Aargau und Thurgau, enthalten in Anwendung auf unser Mischehegesetz folgende Sätze: 1) Das Mischehegesetz verstößt sich gegen wahre Freiheit und Sittlichkeit, indem es jene erweitert, ohne diese zu kräftigen. 2) Es verstößt gegen eine gesunde und gerechte Politik, indem es die Kirche mißachtet und ignorirt. 3) Es verstößt sich gegen die Gerechtigkeit, indem es der Kirche ihr erstes und natürlichstes Recht entzieht, die Sitten zu regeln und gesund zu erhalten.

Doch allen diesen politischen Anschauungen gegenüber findet die nationalräthliche Kommission das Mischehescheidungsgesetz nicht bloß zeitgemäß, sondern erklärt die bürgerlichen Gerichte competent, die Scheidung auszusprechen. Der vierte und letzte Satz nämlich, den dieselbe aufstellt, lautet:

4) „Der Bund ist competent, die Scheidung der paritätischen Ehen den bürgerlichen Gerichten zu übertragen."

Mit gewohnter Geläufigkeit wird der Beweis dieser These geleistet: „Es kann diese Frage nicht mehr zweifelhaft sein, sobald entschieden ist, daß dem Bunde das Recht zustehe, ein Gesetz über Eingehung und Scheidung gemischter Ehen zu erlassen."

Jeder Vernünftige, und auch die Gegner der Kirche geben zu, daß die Ehe, wenn sie ein Sakrament sei, vor die kirchliche Gerichtsbarkeit gehöre. So z. B. sagt Calvin:[1])

---

[1]) Instit. christ. relig. l. 4. c. 19. n. 37.

„Als die Papisten die Erhebung der Ehe zum Sakrament einmal durchgesetzt, zogen sie die Gerichtsbarkeit über selbe an sich, weil eine geistliche Sache von weltlichen Richtern nicht behandelt werden durfte." Und warum stellte Nuyt, aus dessen Werken die Thesen des Syllabus, welche die Sakramentalität der Ehe leugnen, gezogen sind — diese Ansicht auf, daß die Ehe kein Sakrament sei, sondern ein bloßer Vertrag? Er wollte die Ehe der Gesetzgebung und dem Forum der Kirche entziehen, sah aber ein, daß dieses unmöglich mit deren sakramentalen Charakter vereinbar sei, und daß sie, als heilige Sache, der politischen Gewalt nicht unterstellt sei. Indem Papst Pius VI. dies in einem Breve an den Bischof von Motula beweist, darf er sich auf das einstimmige Urtheil der Canonisten berufen, „dem selbst diejenigen beipflichten, welche nichts weniger als günstig gegen die Rechte der Kirche gestimmt sind." [1])

Die Ehe ist, wie bereits erwähnt, allerdings einer doppelten Jurisdiktion unterstellt, mit Rücksicht auf ihre kirchlichen und politischen Folgen. Die wesentlichen Bestandtheile und Folgen derselben sind aber in dem zum Sakrament erhobenen und mit diesem identifizirten Ehevertrag zu suchen, und gehören somit vor das kirchliche Forum; während die vor das forum civile gehörenden Wirkungen untergeordneten Charakters sind. Schon der hl. Thomas concedirt dem Staate diese Urtheilsbefugniß: [2]) „Matrimonium, inquantum ordinatur ad bonum politicum, subjacet ordinationi legis civilis." — Was vor das eine oder andere Forum gehöre, hat Benedikt XIV. auseinander geschieden: „Aliquae causae matrimoniales versantur circa initi foederis conjugalis firmitatem, et haec nullo catholicorum contradicente in solo Ecclesiae foro sunt pertractandae. Aliae sunt causae excitatae aut super jure instituendi divortium, quoad thorum et cohabitationem, et illae pariter, ob illum respectum, quem habent ad matrimonii sacramentum ad solum judicem ecclesiasticum deferuntur. Aliae demum sunt causae, quae connexionem quidem habent cum matrimonio, sed res mere politicas et temporales directe ac immediate respiciunt, uti sunt lites, quae moventur super

---

[1]) Avogadro l. c. IV, 239.
[2]) Adv. Gentes c. 75.

dote, dotatione, hæreditaria successione, alimentis et similibus, et istas ad ludices, sæculares pertinere ex communi doctorum sensu."¹)

Somit sind die Grenzen der Civiljurisdiktion eng aber wahr gezogen. Der Staat hat

1) Nicht das Recht die Sponsalien vor seine Gewalt zu ziehen. Die Sponsalien (Eheverlöbniß) sind ein Vertrag zwischen zwei Personen verschiedenen Geschlechtes über die künftig mit einander einzugehende Ehe. Sie wurden von der Kirche eingeführt und werden auch nur von ihr gefordert. Keine staatliche Gesetzgebung, welche die Ehe als eine rein weltliche Sache ansieht, wird selbe mit Grund und Vernunft anordnen. Hingegen für die Kirche sind sie von Wichtigkeit. Sie sind eine vorläufige Vorbereitung auf den Empfang des Sakramentes der Ehe selbst; sie ermöglichen eine Ausforschung der kirchlichen Ehehindernisse, welche durch öffentliche Verkündigung nicht mit Bezug auf alle erreicht werden kann; sie verhindern die Abschließung clandestiner Ehen; sie veranlassen einen zweckmäßigen und nothwendigen Unterricht über das Wesen und die Pflichten der Ehe.²) Deßhalb erklärt Papst Pius VI.:³) Propositio, quæ statuit, sponsalia proprie dicta actum mere civilem, continere, qui ad matrimonium celebrandum disponit eademque civilium legum præscripto omnio subjacere quasi actus disponens ad sacramentum non subjaceat rationi Ecclesiæ: falsa, juris Ecclesiæ quo ad effectus etiam a sponsalibus vi canonicarum sanctionum profluentes, læsiva, disciplinæ ab Ecclesia constitutæ derogans."⁴)

2) Der Staat hat nicht das Recht, trennende Ehehindernisse aufzustellen, d. h. solche, welche das Zustandekommen des Sakramentes unmöglich machten, — was im dritten Theil

---

¹) De Synod. l. 9. c. 9. n. 4.
²) Auch das soeben (den 21. März 1868, durch Annahme des gegenconcordatlichen Ehegesetzes im Herrenhause) selig im Herren entschlafene österreichische Concordat spricht die Sponsalien der Kirche zu. Art. 10.
³) Bulle Auctorem fidei.
⁴) Mit Bezug auf Mischehen sei vorübergehend bemerkt, daß nach der Ansicht neuerer Canonisten das impedimentum mixtae religionis — sonst gültig eingegangene Sponsalien wenigstens in denjenigen Gegenden, wo die Confessionen vermischt leben, nicht ungültig macht. Vgl. Kutschker Eherecht. S. 34. Schulte, S. 282. Philipps Lehrbuch. S. 959.

dieser Arbeit weitläufig erläutert wurde. Hingegen kommt dem Staate zu, Bedingungen zu setzen, deren Nichterfüllung eine Ehe nach ihren **bürgerlichen** Wirkungen ungültig machen. Er darf z. B. fordern, daß die Brautleute irgendwo eingebürgert sein müssen, das nöthige Vermögen und die nöthigen Fähigkeiten besitzen, ihre Familien zu ernähren; er kann den Ehen mit Ausländern Hindernisse stellen, und die Kirche läßt es sich angelegen sein, ihn darin zu unterstützen, und die Pfarrer anzuweisen, die Ehe erst nach Berichtigung der civilen Erfordernisse einzusegnen, insofern sie nicht den kanonischen Satzungen widerstreiten.

3) Er darf sich nicht um die **Ehedispensen** und die daran geknüpften Taren bekümmern, und dies so wenig als um die Hindernisse selbst, welche durch Dispens gehoben werden sollen. An der Diözesankonferenz des Bisthums Basel, den 7. und 8. Januar 1867, fühlten sich die Abgeordneten der hohen Diözesanstände bemüßigt, auch diesem Gegenstand ihre väterliche Sorgfalt zuzuwenden, und Klage zu führen über die Größe und Ungleichheit der kirchlich geforderten Dispenstaren. Der Abgeordnete des h. Standes Zug, der wackere Herr Regierungsrath G. Bossard, enthebt mich der Mühe, selbst hierüber zu sprechen, indem ich seine ausgezeichnete Erklärung zu Protokoll der Konferenz anführe:[1] „Es beschlägt die Dispenstare die Rechte der Kirche, und sie ist berechtigt solche zu erlassen nach ihrem Willen, zudem ist die Erläuterung der Curia eine so begründete, daß ihr mit allem Zutrauen die ganze Angelegenheit überlassen werden kann; ich erkläre mich daher mit den gegebenen Aufschlüssen für befriedigt und enthalte mich der Beistimmung weiterer Beschlüsse oder Vorstellungen. Wie der Staat für seine Bedürfnisse Sporteln bezieht, so hat die Kirche, als ein freies, selbstständiges Institut, bei uns selbst als solches gesetzlich anerkannt, schon vom Standpunkte des Rechts aus die Befugniß, ihr eigenes Leben zu erhalten, und nach eigenen Gesetzen sich zu regieren.

„Die kirchliche Regierung bedarf des Unterhaltes und es beruht zugleich auf der Gleichheit Aller vor dem Gesetze, daß derjenige, welcher für sich eine Ausnahme vom Gesetze ver-

---

[1] Bericht des Abgeordneten des h. Standes Zug. S. 17.

langt, in einer andern Weise einen Ersatz dafür leistet. Der geringe Betrag findet seine Verwendung zum Nutzen der ganzen Gemeinschaft der Gläubigen und dient als eine Art Sanktion für das allgemeine Gesetz. Die Kirche hat zu keiner Zeit die Dispensen zu einer Geldspekulation oder die Ehehindernisse zu einer Handelssache gemacht. Wie anders in einzelnen Kantonen der Diözese; so machen z. B. Aargau und Solothurn die Ehe zu einer rentabeln, sichern Finanzquelle. Aargau verlangt von jeder Eheverkündigung ohne Nachlaß 15 Fr. und bei einmaliger Verkündigung noch mehr; Solothurn 9 Fr., während der katholische Priester für seine vielfachen Bemühungen, Verkündigung und Verantwortlichkeit nur 1—2 Fr. beziehen darf und nur zu oft dem Armen noch dieses schenkt. Es wird im Entwurf des Antwortschreibens von Solothurn an den Hochw. Bischof auf die Ungleichheit dieser Dispenstare hingewiesen, aber von nirgends konnte ein rechtlicher Akt als Beweismittel eingelegt werden. Alles beruht auf Hörensagen. Der Hochw. Bischof erklärt hingegen, in der ganzen Diözese werde die ganz gleiche Ehedispenstare nach den verschiedenen Graden der Verwandtschaft bezogen und es sei ihm keine Klage zur Kenntniß gekommen. Ich finde keinen Grund, dieser Versicherung nicht Glauben zu schenken. Warum nun in einer Sache interveniren, wo weder bei kirchlicher Behörde noch beim Staate Klage geführt wird?" So weit die Apologie der kath. Ehedispenstaren von Seite eines kirchentreuen Staatsmannes, die ich vollständig anführe, sowohl wegen ihrer Unüberwindlichkeit, als auch, weil sie eine noch in Schwebe liegende Frage beschlägt.

4) Der Staat kann weder die katholische Kirche noch den einzelnen Priester zwingen, auf irgend welche Weise bei Eingehung von Ehen, welche nicht alle Bedingnisse erfüllen, die zum Empfange dieses Sakramentes vorgeschrieben sind, mitzuwirken. Die Ehe ist ein Sakrament der Kirche. Die Kirche hat das Recht, die Forderungen zu stellen, unter welchen sie dies Gnadenmittel spendet, und ihrem Diener, dem Priester, gestattet, dabei aktiv sich zu betheiligen. Ein jedes Eingreifen der bürgerlichen Gesetzgebung in dieses Recht wäre ein schreiender Gewissenszwang und eine wahre Beeinträchtigung der kirchlichen Freiheit, gerade so, wie wenn der Civil-

arm den Beichtvater zwingen wollte, einen undisponirten Beichtenden zu absolviren.

So sehr dies einleuchtend scheint, so hat doch der Staat gerade betreffs Mischehen sich angemaßt, einen solchen Zwang auszuüben, und von dem katholischen Priester die **Verkündung**, ja sogar die **Kopulation** solcher kirchlich nicht dispensirten Ehen verlangt.

Wie das Brautexamen für die Brautleute die Pflicht mit sich bringt, alle ihnen etwa bekannten Ehehindernisse dem Pfarrer anzuzeigen, so die Verkündung für alle Mitglieder der Gemeinde — aber auch für Andere, welche davon Kenntniß erhalten — dasselbe zu thun; nur Derjenige ist davon ausgenommen, der von einem Ehehindernisse nur durch die Beichte oder auf Grund eines ihm geschenkten besondern Vertrauens weiß.[1]) Wie demnach die Ehehindernisse eine kirchliche Angelegenheit sind, so gehört auch deren negative oder positive Konstatirung durch die Verkündung zu den geistlichen Dingen. Diese Promulgation durch den kompetenten Pfarrer darf deßhalb nur dann stattfinden, wo man praesumptive annehmen darf, daß derselben eine katholische Einsegnung folgen werde. Sie wird aber sehr überflüssig, sogar lächerlich gemacht, wo schon zum Voraus ein Hinderniß bekannt ist, wie dies bei gemischten Ehen der Fall ist, welche ohne das Versprechen der katholischen Kindererziehung, ohne kirchliche Dispens und ohne Mitwirkung des katholischen Pfarrers geschlossen werden sollen. Deßhalb hat die katholische Kirche zu allen Zeiten an der Maxime festgehalten, daß Ehen, welche nicht nach katholischem Ritus eingesegnet werden, auch nicht von der katholischen Kanzel publizirt werden sollen.

Es hat sich über diesen Gegenstand vor einem Dezennium in einem Theil der Diözese Basel, im Kanton Aargau, ein heftiger Kampf abgewickelt. Der ganze unerquickliche Konflikt ist in einer dickleibigen, 156 große Quartseiten füllenden offiziellen „Denkschrift an die hohen Diözesanstände des Bisthums Basel, betreffend die zwischen dem Stande Aargau und der bischöflichen Kurie wegen Verkündung gemischter Ehen und Anerkennung des hoheitlichen Plazets entstandenen Konfliktes"

---

[1]) Carrière l. c. n. 403. sqq.

niedergelegt. Diese Schrift, deren Verfasser nicht unbekannt ist, ist auf dem Gebiete der katholischen Literatur über gemischte Ehen gerade das, was die wiederholt angeführte Schrift von dem Oberhofprediger v. Ammon auf dem protestantischen ist: eine konfuse Vermengung von Konzilienbeschlüssen, josephinistischen Kanonisten, Wahrheit, Verdrehung und Lüge, durch die Logik der vollendeten „Thatsachen" mit einer fadenscheinigen Beweiskraft ausgerüstet. Es ist z. B. höchst komisch, wenn der im Solde der kirchenfeindlichen Staatsbehörde stehende Theolog uns den ernsthaften Beweis leistet, daß die Verkündung keinen sakramentalen Charakter habe, beziehungsweise nicht zum Wesen des Ehesakramentes gehöre.[1]) Anderseits muß auch zugegeben werden, daß, wenn alle in der Schrift enthaltene, von der Regierung einzelnen Geistlichen abgeforderte Gutachten — authentisch sind, sogar in Israel manche irrige, den kanonischen Satzungen widerstreitende Ansicht herrschte, oder die richtige so vag und allgemein ausgesprochene war, daß sie leicht mißdeutet und zum Schaden der kath. Interessen ausgebeutet werden konnte. Um so entschiedener war der Kampf in der That. Die staatliche Despotie setzte auf die erste Verweigerung der Verkündung einer undispensirten Mischehe eine Geldbuße von 40 Fr.; bei Wiederholung eine verstärkte. Doch mit höchst wenigen Ausnahmen stand die gesammte katholische Geistlichkeit Aargaus für das kirchliche Recht und die bischöfliche Kurie mit einer Einschiedenheit ein, welche eines schöneren Sieges würdig gewesen wäre.[2]) Nachdem der Kampf einige Zeit, einerseits mit Dulden und Zahlen, anderseits mit brutalen Gewaltthaten fortgeführt war, wurde er in gewohnter Weise zum Abschluß gebracht: am 26. Aug. 1858 langte eine in Rom nachgesuchte Dispens an, welche den Pfarrämtern des Kantons Aargau gestattet: gemischte Ehen auch ohne eingeholte Dispense zu verkünden und den diesfälligen Verkündungsschein auszustellen unter der Bedingung, daß: a) bei der Verkündung von der Religion der Brautleute keine Meldung geschehe, und daß b) in den Verkündscheinen, falls kein trennen-

---

[1]) Denkschrift S. 60—70.
[2]) Besondere Ehrenmeldung verdienen der verstorbene Domherr Rohner in Kirchdorf und der greise Pfarrer und Jubilat Weißenbach in Baden.

des Hinderniß sich vorfindet, einfach gemeldet werde: „daß außer der Verschiedenheit der Konfession kein anderes Hinderniß der einzugehenden Ehe entgegen stehe!"¹)

Angesichts von §. 2 des schweizerischen Mischehegesetzes vom 3. Dez. 1850 ist es in der That unbegreiflich, wie ein aargauischer Ursurpator einen solchen, das katholische Bewußtsein tief verletzenden Konflikt heraufbeschwören konnte. §. 2 lautet: „Ist die Promulgation einer gemischten Ehe vorgeschrieben, so ist dieselbe entweder von einer geistlichen oder weltlichen Behörde zu vollziehen;" was offenbar, wenn man einen vernünftigen Sinn voraussetzen soll, nur dahin kann interpretirt werden, daß da, wo die geistliche Behörde vermöge spezieller Satzungen nicht verkünden kann und darf, selbes von der weltlichen Behörde geschehe. —

Am wenigsten sollte man einen Zwang erwarten oder fürchten müssen, wo es sich um einen kirchlichen Segen handelt, — und mehr ist die Kopulation (Einsegnung) in den Augen des Staatsmannes nicht. Wenn mir auch keine bezüglichen Gesetzesbestimmungen bekannt sind, so ist es doch gewiß, daß die moderne Toleranz es der katholischen Kirche und Geistlichkeit zum ewigen Vorwurf der Gehässigkeit macht, angehenden Brautleuten, die in ihren zu erwartenden Nachkommen vom katholischen Glauben abfallen, den Segen und die Beistimmung vorzuenthalten.

In den 1830ger Jahren wurde diese Zumuthung in Bayern der Gegenstand der lebhaftesten Erörterung und Veranlassung zur ungerechtesten Verfolgung des kath. Klerus, welcher übrigens in seiner Mitte einen tüchtigen und überlegenen Vertheidiger hatte in der Person des noch lebenden Stiftspropstes und Professors J. J. Döllinger, der in seiner Schrift: „Ueber gemischte Ehen; eine Stimme zum Frieden"²) das katholische Recht glänzend begründete. Die auch heute noch, und auch in der Schweiz geltende Meinung, man sollte Brautleuten, welche ohne Dispens eine gemischte Ehe eingehen — deßhalb den kirchlichen Segen nicht vorenthalten, weil dadurch das Gewissen des katholischen Theiles beunruhigt werde, widerlegt Herr Döllinger

---

¹) Denkschrift S. 153.
²) 5. Auflage Regensburg 1838.

auf folgende Weise: „Man hat gesagt, die Einsegnung sei nothwendig und könne gerechter Weise gefordert werden zur Beruhigung der Gewissen, die sich etwa über diese Weigerung ängstigen könnten — aber es ist kaum denkbar, daß man dieses im Ernste gemeint habe. Wie? soll denn die Kirche dem heillosen Wahn fröhnen, daß das, was an sich unerlaubt ist, durch ihre Billigung, ihren Segen erlaubt und unschuldig werde? Also nicht darum kann eine Macht den Hirten der Kirche ansinnen, die Einsegnung der Ehe, trotz der Ueberlassung der Kinder an eine fremde Confession zu gestatten, damit nachher die zärtlichen Gewissen solcher Katholiken nicht durch Zweifel und innere Vorwürfe geängstigt würden, sondern sich mit der Einsegnung, die ihrem Verfahren gleichsam den Stempel der kirchlichen Billigung aufgedrückt habe, beruhigte. Wohin kämen wir überhaupt, wenn eine weltliche und noch dazu eine zu einer andern Religion sich bekennende Macht es zu ihrer Aufgabe machen wollte, die Katholiken auch gegen etwaige Gewissenszweifel und Skrupel, die durch das Verfahren des Priesters in ihnen rege werden könnten, schützen und sicher stellen zu wollen? Consequent müßte man dann dem Priester auch jedes mahnende und strafende Wort, die bloße Hinweisung auf die Pflicht der Gläubigen verbieten? Und könnte nicht auch mit demselben Recht ein Machthaber sich einfallen lassen, dem Geistlichen auch zu befehlen, daß sie keinem Beichtenden die Absolution verweigern sollten, damit nicht die zarten Gewissen dadurch gekränkt oder beunruhigt würden?"[1]

Das eidgenössische Mischehegesetz macht hier keine Schwierigkeiten, indem es (§. 4) den Brautleuten die weitesten Vollmachten gibt, die Trauung da, wo sie vorgeschrieben ist, durch einen Geistlichen einer der anerkannten christlichen Confessionen innerhalb oder außerhalb des Kantons vornehmen zu lassen, ohne daß der willkürlich Gewählte gesetzlich verpflichtet wäre, seine Hand segnend zu erheben.

5) Der Staat kann eine gültig geschlossene Ehe nicht lösen, weil die Unauflösbarkeit zu dem innersten Wesen des Sakramentes gehört, wie bereits erörtert worden, ebensowenig kann er Geschiedenen die Erlaubniß zu einer neuen Ver-

---

[1] l. c. S. 9.

ehelichung ertheilen, da das kirchliche impedimentum ligaminis im Wege steht, das er weder ignoriren noch aufheben darf.

6) Der Staat darf da, wo mehrere Confessionen als gleichberechtigt gesetzlich anerkannt sind, das Eherecht **nicht** nach den Grundsätzen einer Confession ordnen, sondern er hat den spezifischen Charakter jeder Einzelnen zu berücksichtigen und zu schützen.

„Soll für die verschiedenen staatlich rezipirten oder geduldeten Confessionen ihre bürgerliche Anerkennung oder Duldung zur Wahrheit werden, und ihren verschiedenen Anschauungen auch im Eherechte Rechnung getragen werden, so bleibt nichts übrig, als daß die Staatsgewalt bei jeder dieser Confessionen das Eherecht auch bürgerlich nach ihren eigenthümlichen Grundsätzen behandeln läßt. Es muß also auch bürgerlich für die Katholiken ein ihren kirchlichen Grundsätzen entsprechendes und für die Protestanten ein auf protestantischen Grundsätzen beruhendes Eherecht geben, so daß also das Staatsgesetz hier nicht so sehr als solches, als vielmehr blos, weil und wieferne es mit dem Kirchengesetz im Einklang steht und dies unterstützt, zu beobachten und durchzuführen ist. Wo aber Widerstreit unter den Normen der verschiedenen Confessionen besteht, muß der Staat, um die bürgerliche Gleichberechtigung der Confessionen zur Wahrheit werden zu lassen, sich völlig neutral verhalten. So lösen sich erst die scheinbaren Schwierigkeiten bei den gemischten Ehen". [1])

7) Der Staat, resp. dessen gesetzgebende Behörde, darf nicht bloß der Kirche, sondern auch der **Verfassung** gegenüber seine Competenz nicht überschreiten, am wenigsten zu dem Zwecke, durch einen widerrechtlichen Gewaltakt eigenthümliche politische oder konfessionelle Anschauungen zum Durchbruch zu bringen. So einen Gewaltakt hat sich die hohe schweizerische Bundesversammlung zu Schulden kommen lassen durch Aufstellung des Mischehe-Gesetzes vom 3. Dezbr. 1850. Es ist von höchstem Interesse, für die Beurtheilung der neuern staatsrechtlichen Entwicklung der Schweiz, die Veranlassung und den Hergang bei Berathung des erwähnten Gesetzes von 1850 kennen zu lernen.

---

[1]) Moy, Archiv des K. R. 1862. S. 36.

Wie bereits bemerkt worden, hatte der hohe Stand Schwyz durch Gesetz vom 3. Mai 1840 die Eingehung gemischter Ehen verboten. Nun wollte ein dortiger Kantonsbürger, Arzt Benz von Siebnen im Jahr 1850 eine Protestantin aus dem Kanton Zürich heirathen und erhielt hiezu in Folge jenes Verbotes die staatliche Erlaubniß nicht. Er wandte sich demnach durch Bittschrift vom 8. April gl. J. an den hohen Bundesrath mit dem Gesuche: „es möchte ein Gesetz erlassen werden, durch welches im Umfange des ganzen Bundes die Ehen zwischen Katholiken und Protestanten garantirt seien, ohne irgend einen Nachtheil für die Betreffenden." Der Bundesrath wies den Rekurrenten ab, ausführlich aus Wortlaut und Wesen der Bundesverfassung den Beweis führend, daß eine Bundeskompetenz in diesen Sachen nicht bestehe, sondern selbe vielmehr dem Bereiche der kantonalen Gesetzgebung angehören. Er erinnert daran, daß eine Beschränkung in Bezug auf Mischehen förmlich abgelehnt worden sei, als bei Berathung der Bundesverfassung von den zwei Kantonen Glarus und Bern in zwei verschiedenen Malen (Mai und Juni 1848) die Garantie der gemischten Ehen in Antrag gebracht wurde. — Allein Dr. Ludwig Snell, Rathgeber des heirathslustigen Doktors, rekurrirte mit einem weitläufigen, mit reichlichen Schmähungen gegen die Institutionen der katholischen Kirche ausgestatteten Memorial an die Bundesversammlung. Diese Schrift wurde mit hohem Beifall aufgenommen und auf Anordnung des Nationalrathes zum Drucke befördert. Die Angelegenheit wurde einer nationalräthlichen Kommission übertragen, bestehend aus den Herrn Dr. A. Escher, Berichterstatter; Trog; J. Brosi; J. J. Castoldi und Schwerzmann. Die Mehrheit der Kommission legte das Resultat ihrer Berathungen in einem Berichte vom 11. Juli 1850 der hohen Bundesversammlung vor,[1]) worin der „erzbischöfliche" Berichterstatter den schlagenden Beweis liefert, daß die Kompetenz für Erlaß eines Mischehegesetzes in der Bundesverfassung liege; — obwohl gerade bei Berathung der Bundesverfassung der Antrag auf Garantie der Mischehen von Bundeswegen durchfiel!! Der Vertreter des hohen Standes Zug, S. Schwerzmann, hatte den Muth und so viel

---

[1]) Schweiz. Bundesblatt 1850. Bd. III. S. 1—25.

Charakter, einzig als Minorität der Kommission, den Antrag zu stellen, die Ehesachen wie bisanhin der Kompetenz der Kantonalsouveränetät zu überlassen. Er sagt u. a. in seinem klar und bündig abgefaßten Bericht:¹) „Die dießfällige Berechtigung der Kantone steht in in ihrer vollen Anwendung noch in diesem Augenblicke, dafür sprechen nicht bloß die bestehenden Ehegesetze und Ehegerichte der meisten Kantone, sondern auch der fortbestehende und ununterbrochene Gebrauch der Ertheilung von Ehebewilligungen seitens der Kantonsbehörden, sofern die Ehe unter Angehörigen verschiedener Stände oder Staaten eingegangen werden will. Am klarsten und entschiedensten tritt diese kantonale Berechtigung im Konkordate vom 12. Juni 1812 und 7. Juli 1819 auf, in welchem sich alle Kantone, mit Ausnahme von Uri, Schwyz, Unterwalden, Appenzell und Wallis auf die Grundlage vereinigten, daß die gemischten Ehen von den Kantonen weder verboten, noch mit dem Verluste des Bürger- und Heimathrechtes bestraft werden. Bei Berathung des §. 44 gegenwärtiger Bundesurkunde gründete Glarus seinen Antrag auf Sicherung der gemischten Ehen durch den Bund auch auf die Idee der Humanität; allein dieser, auf die Idee der Humanität gebaute Antrag vereinigte nur neun Stimmen auf sich." —

In der Novembersession kam der bezügliche Gesetzesentwurf zur Behandlung. Baumgartner sagt von dieser Sitzung²): „Die Verhandlungen wurden mit Bitterkeit geführt; für die glaubenstreuen Katholiken waren sie peinlich; diese mußten durchaus jede Hoffnung aufgeben, daß konfessionelle Fragen mit billiger Rücksicht auf katholische Rechte und Anschauungen je würden behandelt werden."³) Sämmtliche Bischöfe der katholischen Schweiz hatten Vorstellungen gegen Annahme und Durchführung dieses Gesetzes eingereicht. Dr. Escher, wiederum Berichterstatter, gab diesen maßvoll gehaltenen Eingaben die gehässige Deutung, als seien sie eine Demonstration gegen die Bundesbehörden, als wollten die Bischöfe den Fehdehandschuh hinwerfen und die protestantischen Abgeordneten sammt

---

¹) Schweiz. Bundesblatt a. a. O. S. 26.
²) Die Schweiz in ihren Kämpfen IV, 505.
³) Hat sich neulich wiederum bewahrheitet in den Verhandlungen über den Rekurs des bernerischen Jura's betreffs Schulschwestern und Feiertage.

und sonders als Kinder Belials bezeichnen.[1] — Kurz, der Arzt Benz von Siebnen trug den Sieg davon über die Bundesverfassung, die Kantonalsouveränetät, die schweizerischen Bischöfe und über das Vertrauen, das das katholische Schweizervolk bisher auf seine oberste Landesbehörde gesetzt hatte; — das Mischehegesetz vom 3. Dezember 1850 erschien!

Das ganze Verfahren noch einmal überblickend, vermag ich es als Schweizerbürger nicht über mich, an eine solche Handhabung von Recht und Gesetz weitere Reflexionen zu knüpfen.

Einige Mitglieder der Mehrheit gestanden selbst ein, „die Deutung der Bundesverfassung sei forcirt gewesen." Und die hohe schweizerische Bundesversammlung mußte sich seitens des Bundesrathes die Beschuldigung „der Kompetenzüberschreitung und des Amtsmißbrauches" gefallen und auf sich ruhen lassen.

Es hat dieses Gesetz kein anderes Verdienst, als daß es die bei gewissen Klassen bereits vorhandene Gleichgültigkeit in religiösen Dingen von Oben herab ermuntert und begünstigt, eine Politik, welche die Geschichte der Welt seit Jahrtausenden als eine der Wohlfahrt jeglichen Volkes verderbliche bezeichnet; und das Verdienst, die kantonalen Behörden in arge Verlegenheiten zu bringen. Die Schweiz zählt nämlich ganz protestantische, ganz katholische und gemischte Kantone, es kann deshalb nur eine kantonale Gesetzgebung diesen Verhältnissen und den einzelnen Regierungen Rechnung tragen.

8) Der Staat darf das Ehegesetz nicht so formuliren, daß auch der katholische Civilbeamte gegen sein Gewissen handeln muß, wenn er dasselbe exequiren soll. Es ist dies nun allerdings mit dem eidgenössischen Mischehegesetz der Fall.

Durch das Bundesgesetz werden die katholischen Kantone und Regierungen genöthigt, die zwischen ihren katholischen und protestantischen Angehörigen vorkommenden Ehescheidungssachen, den Grundsätzen der Kirche entgegen, an die bürgerlichen Gerichte der anderen Kantone zu überweisen; sie werden genöthigt, vorgebliche Ehen, die in ihren Augen nur ein Concubinat sind, nicht nur zu dulden, sondern in bestimmter und

---

[1] Die Vernehmlassungen der Abgeordneten der einzelnen Kantone siehe bei Baumgartner a. a. O. S. 504 fg.

wirksamer Weise zu schützen; sie werden genöthiget, Kinder als ehelich zu behandeln, welche ihrem Glaubensbekenntnisse nach diese Eigenschaft gar nicht besitzen, und ihnen Rechte zu ertheilen, die denselben keineswegs zukommen. Welch' peinliches Alternativ für einen Staatsbeamten, entweder wider sein Gewissen zu handeln, oder gegen das Gesetz sich verstoßen zu müssen! [1])

Ein katholischer Beamter wird sicherlich nicht gleichgültig über die Worte hinweggehen dürfen, welche Papst Pius VII. unterm 16. Sept. 1788 an den Bischof von Modula schrieb: „Nach dem Conc. trid. trifft die Excommunication alle Jene, welche leugnen, daß die Ehesachen vor das geistliche Gericht gehören; eine Leugnung ist es aber nicht bloß dann, wenn man lehrt, es stehe dem Staate zu, Gesetze über die Ehe zu erlassen, sondern auch dann, wenn man als Civilbeamter über in kirchlicher Competenz stehende Fragen der Ehe entscheidet." [2])

Indem ich nun zum Abschlusse meiner Erörterung komme, muß ich mich, oder vielmehr die in dieser Arbeit niedergelegten Grundsätze der katholischen Kirche und des canonischen Rechtes vor einem Vorwurfe schützen; wie ich aber durchgängig lieber andere, größtentheils anerkannt tüchtige und kirchliche Schriftsteller angeführt habe, so ziehe ich es auch da vor, einen Andern sprechen zu lassen.

Die ganze Darlegung des Verhältnisses der katholischen Lehre über die Ehe, insbesonders die gemischte, gegenüber den modernen Staatstheorien weist einen so schreienden Contrast auf, daß sie den längst und vielseitig gemachten Vorwurf noch bestätigt, die katholische Kirche sei zu schroff, zu abstoßend und insbesondere zu rücksichtslos gegenüber den Verhältnissen der Gegenwart.

---

[1]) Einen solchen Fall bringt die Schweiz. Kirchztg. v. 4. Jän. 1868 zur Kenntniß: Ein (katholischer) Schwyzer, der in Basel wohnhaft ist, wünscht sich mit einer protestantischen Angehörigen vom Baselland zu verehelichen, welche von ihrem ersten Manne zwar geschieden ist, seinen Tod aber nicht nachweisen kann. Gestützt auf die katholische Lehre wurde dem Bräutigam die Heirathsbewilligung verweigert. Der Bundesrath hat jedoch den dagegen angebrachten Rekurs als begründet und die Behörden von Schwyz pflichtig erklärt, die nöthigen Schriften auszustellen!

[2]) Avogadro l. c. IV. 239.

Diesen Vorwurf vermag ich nicht besser zurückzuweisen, als mit den Worten, die ich einer so eben erschienenen Schrift[1]) des ausgezeichneten Bischofs von Mainz, Freiherrn v. Kette= ler entnehme: „Alle Lehren der katholischen Kirche über die gemischten Ehen beziehen sich nicht auf Ehen, die bereits ge= schlossen sind, sondern auf solche, die erst geschlossen werden sollen. Bezüglich der bereits gültig geschlossenen gemischten Ehen macht dagegen die katholische Kirche hinsichtlich der Pflich= ten des katholischen Theils gegen den nichtkatholischen Ehegat= ten gar keinen Unterschied zwischen rein katholischen und ge= mischten Ehen; sie verlangt dieselbe Liebe, Treue, Gehorsam, Aufopferung gegen den protestantischen wie gegen den katholi= schen Ehegatten. **Sie legt sogar dem Katholiken ge= gen den protestantischen Ehegatten weit größere Pflichten auf, als der Protestantismus dem Pro= testanten gegen den katholischen Ehegatten;** sie verbietet ihm, sich von dem protestantischen Ehegatten zu tren= nen; so lange dieser lebt, während der Protestantismus seinen Anhängern in vielen Fällen gestattet, den katholischen Ehegat= ten zu verlassen; ja sie geht so weit, den Katholiken zu ver= pflichten, dem protestantischen Ehegatten bis ans Lebensende selbst dann treu zu bleiben, wenn dieser ihn böswillig verlassen und sogar eine andere Ehe geschlossen hat.

Das ist aber, wie jeder Katholik weiß, nicht etwa blos eine unwirksame Lehre, sondern eine solche, die mit der äußersten Strenge, mit ausnahmsloser Consequenz, überall und in allen Fällen beobachtet wird. Damit sind aber eigentlich schon alle Vorwürfe, welche der katholischen Kirche und ihren Dienern in dieser Hinsicht gemacht werden, vollständig beseitigt. Nicht die katholische Kirche, die keine Trennung duldet, gefährdet den Frieden der gemischten Ehen, sondern weit eher die Lehre des Protestantismus, die wenigstens unter gewissen Umständen eine Trennung des Bandes zuläßt; bei den noch nicht geschlossenen gemischten Ehen kann aber offenbar von Friedensstörung nicht geredet werden, da das, was noch nicht ist, auch nicht gestört werden kann."

Eine jede Rechtsverletzung hat ihre Nemesis. Das schwei=

---

[1]) Die wahren Grundlagen des religiösen Friedens. S. 59.

zerische Mischehegesetz bedroht bei den immer mehr überhand=
nehmenden gemischten Ehen das eheliche und gesellschaftliche
Leben, den sittlichen Zustand der schweizerischen Bevölkerung in
bedenklicher Weise, des Schweizervolkes, das noch mehr auf
den Ruhm seiner Sittenreinheit, als auf die Tapferkeit der
Ahnen stolz sein darf. Nun ertönen in neuester Zeit, in allen
Zeitungen und durch alle Gauen ganz außerordentliche Klagen
über den in der eidgenössischen Bundesstadt in erschreckender
Weise überhandnehmenden moralischen Zerfall; in Bern, von
wo aus das sittenverderbliche Mischehegesetz den jungfräulichen
Boden unseres schönen Vaterlandes überfluthete.

Daß dies keine journalistischen Verleumdungen der kleri=
kalen Presse sind, liegen Aktenstücke vor. Zum Jahresschluß
1867 ließen die vereinigten Kirchenvorstände der drei Kirchen=
gemeinden der Stadt Bern eine ernste Ermahnungsschrift gegen
das immer mehr überhandnehmende Laster der Unsittlichkeit
allen Bewohnern der Bundesstadt zustellen, und suchen durch
verschiedene praktische Mittel dem Unheil zu steuern.¹)

So sehr auch dieses offene Auftreten dieser Kirchenvor=
stände Anerkennung verdient, so wird es doch nicht zum er=
wünschten Ziele führen. Vor Allem ist die Ehe, die Familie,
nach den Grundsätzen des Glaubens zu reformiren, jene natür=
liche Gesellschaft, die Gott selbst zur Heilung der menschlichen
Schwäche und Hülflosigkeit gegründet und ausgestattet hat.
Und die Verweltlichung dieses Institutes ist eine unversiegbare
Quelle des Unheils für Volk und Vaterland, wie schon der
heidnische Dichter sagt:²)

„Fecunda culpæ sæcula nuptias
  Primum inquinavere et genus et domos:
  Hoc fonte derivata clades
    In patrium populumque fluxit."

Eine religiöse Basis und Einheit ist aber das uner=
läßlichste Erforderniß eines sittlich geregelten Familienlebens,
und der Staat dürfte sich füglich zu einer Dankadresse an
Pius IX. und die katholische Kirche herbeilassen, daß sie mit so
viel Energie und unter so viel Verfolgungen gegen jede religiöse

---

¹) Schweiz. Kirchztg. v. 4. Jän. 1868.
²) Hor. 3, 6.

Mischung an einem häuslichen Herde aufgetreten ist, und, gestützt auf Recht, Geschichte, Sittlichkeit und Erfahrung durch alle Jahrhunderte ihres Bestandes den Rath des alten Pittacus befolgt hat und befolgen wird: τὴν κατὰ σαυτὸν ἔλα.

Anhang.

Eingabe
der schweizerischen Bischöfe an den Bundesrath.

Herr Präsident!
Herren Bundesräthe!

Ein an den h. Bundesrath gerichtetes bedauerliches Gesuch war die Veranlassung zu einem Gesetzentwurfe über die Trennung der gemischten Ehen, welcher Entwurf das Gemüth der unterzeichneten Bischöfe der Schweiz tief ergriffen hat. Die hohe Achtung, welche sie den obersten Landesbehörden zollen, erschwert ihnen die Erfüllung einer Pflicht, die sie zwingt, für Rechte einzustehen, welche ihrer Meinung nach durch den genannten Gesetzentwurf bedroht, verletzt oder gefährdet werden. Allein die Stimme ihres Gewissens, die Pflichten ihres Amtes, die Interessen, deren natürliche Vertheidiger sie sind, gestatten ihnen nicht, Rücksichten walten zu lassen, die unter andern Umständen ihre volle Deferenz verdienen würden. Fügen Sie noch die durch den Beschluß des Ständerathes den Unterzeichneten verursachte Sorge hinzu, so werden Sie die Beweggründe zu ihrem vorliegenden Schritte finden, der jetzt noch zeitgemäß ist, da der Gesetzentwurf noch keine ganze und vollständige Sanktion erhalten hat.

Die im Schooße der Bundesversammlung ausgesprochenen edelmüthigen Worte von Männern, welche ungeachtet ihrer konessionellen Verschiedenheit unsere Gefühle theilen, erhöhen unsere Hoffnung auf eine günstige Aufnahme unseres Gesuchs. An wen sollen wir uns übrigens wenden, als an die Väter des Vaterlandes, welche, mit eifrigem Sinne über das Wohl der Schweiz wachend, jederzeit geneigt sein werden, mit gütiger Bereitwilligkeit jedes, auf die Erhaltung von Frieden und Eintracht in der Eidgenossenschaft hinzielenden Ansuchen entgegen zu nehmen.

Wir Tit. überlassen Andern die Mühe des Nachforschens, ob fraglicher Gesetzentwurf in voller Uebereinstimmung mit der von der Bundesverfassung gewährleisteten Kantonalsouveränetät stehe. Diese Aufgabe liegt den Vertretern der Kantone, welche deren Rechte zu wahren haben, ob. Wir, die katholischen Bischöfe, beschränken uns bloß darauf, Ihnen in achtungsvoller Unabhängigkeit Bemerkungen aus einem erhabenen Gesichtskreise in Betreff des erwähnten Gesetzentwurfes vorzulegen, in so weit derselbe den Glauben der katholischen Schweizer betrifft.

Vor Allem werden wir uns wohl vor der Voraussetzung hüten, es habe jemals in der Absicht des hohen Bundesrathes gelegen, einen Glaubenssatz oder eine Lehre der katholischen Kirche verlegen zu wollen; seine Aufgabe und seine Pflicht ist, über die Beobachtung der Bundesurkunde, welche jeder christlichen Konfession der Schweiz Unterstützung und Schutz verheißt, zu wachen. Diese Pflicht ist ihm allzu theuer, als daß er sie nicht in ihrer ganzen Ausdehnung erfüllen sollte.

Dieser Grund gerade hat uns bewogen, ihre Aufmerksamkeit auf den direkten Widerspruch des fraglichen Gesetzentwurfes mit der Lehre der katholischen Kirche hinzulenken. In der That wird, sobald der Entwurf als Bundesgesetz anerkannt ist, die unbedingte Scheidung, d. h. die Auflösung des ehelichen Bandes der gemischten Ehen eine zulässige Sache, während die unbedingte Scheidung in den Augen der katholischen Kirche verpönt ist, und das Band einer jeden rechtsgültig abgeschlossenen Ehe unauflöslich erklärt wird.

Dieser Gesetzentwurf wird die Zivilgerichte zur Entscheidung über Matrimonialsachen und zwar ihres wesentlichsten und innersten Elements des ehelichen Bandes einsetzen, während die katholische Kirche ausdrücklich erklärt und proklamirt, daß alle diese Angelegenheiten unter die Zuständigkeit der geistlichen Behörde fallen, denn ihr Bannfluch trifft diejenigen, welche die Behauptung wagen würden, daß die Ehesachen nicht den geistlichen Richtern zugehören. (Consil. Trident. Sess. XXIV, Can. XII.)

Sie, Tit., achten die einem jeden Schweizerbürger von der Bundesverfassung gewährleistete Gewissensfreiheit allzu sehr, als daß Sie nicht jede gesetzgeberische Maßregel, die ihr Eintrag thun könnte, zurückweisen würden. Nun ist aber ein solcher Gesetzentwurf unvereinbar mit dieser Freiheit, deren Wohlthaten unsere Gegenwart so laut rühmt, und wir können nicht glauben, daß Sie den Katholiken ihren gesetzlichen Antheil an derselben entziehen möchten. Ist der Gesetzentwurf einmal angenommen, so nöthigt er die katholischen Regierungen und Kantone, die zwischen ihren katholischen und protestantischen Angehörigen vorkommenden Ehescheidungssachen, den Grundsätzen der Kirche entgegen, an die bürgerlichen Gerichte der andern Kantone zu überweisen; der Entwurf wird sie nöthigen, vorgebliche Ehen, die in ihren Augen nur ein eigentliches Konkubinat darstellen, nicht nur zu dulden, sondern in bestimmter und wirksamer Weise zu schützen; er wird sie in die Nothwendigkeit versetzen, Kinder als ehelich zu behandeln, welche ihrem Glaubensbekenntnisse nach diese Eigenschaft gar nicht besitzen, und ihnen Rechte zu ertheilen, die denselben keineswegs zukommen. Welch' peinliches Alternativ für einen Staatsbeamten, entweder wider sein Gewissen handeln, oder gegen das Gesetz sich verstoßen zu müssen!

Die Moral, diese unumgänglich nothwendige Basis für die öffentliche Ordnung, ist Ihnen allzu heilig, als daß es Ihnen je in den Sinn hätte kommen können, dieselbe durch eine legislatorische Verfügung oder sonst wie zu erschüttern oder zu schwächen. Wenn aber der mehrerwähnte Entwurf die Genehmigung der hohen Bundesversammlung erhält, so wird er der Moral die härtesten Schläge versetzen. Wenn die gesetzliche Auflösung des ehelichen Bandes in bestimmten Fällen für einen der Gatten aufgestellt wird, verleitet ein solches Gesetz alsdann nicht denjenigen Theil, der die Scheidung wünscht, die jederzeit sträflichen und beinahe immer verbrecherischen Gründe herbeizubringen, um die Scheidung zu begehren und zu erlangen, sobald ihm seine Ehe nur noch als ein Joch erscheint, das er gerne abschütteln will. Wenn dieses Gesetz die zügellosen Triebe des Menschen nicht geradezu hervorruft, so begünstigt es dieselben doch wenigstens. Denn, wenn man die Scheidung sucht, so hatte man zur Zeit der Eingehung der Ehe unglücklicherweise unerlaubte, vielleicht scandalöse Beziehungen angeknüpft und unterhalten, so streckt man gegenwärtig die Hand nach der Mitgift und dem Gute einer reichern Frau aus, um ein zerrüttetes Vermögen wieder herzustellen und den verlorenen Kredit wieder zu erlangen. Ist das nicht eine durch die Erfahrung bewährte Thatsache?

Der Friede und die Eintracht in den Familien und zwischen den Gliedern einer und derselben Familie sind an und für sich zu kostbare Güter und zu nothwendig für die Wohlfahrt der Gesellschaft, daß Sie nicht deren Erhaltung und Kräftigung in unserm Vaterlande wünschen sollten und geneigt wären, Alles, was denselben schaden könnte, zu beseitigen. Allein was wird die Folge des mehrerwähnten Gesetzentwurfes für die Familie sein? —

Zwist und Zwietracht wird er in ihrem Schooße erzeugen, und durch die Lockerung der häuslichen Bande wird er deren Auflösung vorbereiten. Glaubensfragen wird er wieder aufkommen lassen, Fragen, welche immer aufreizender Natur sind und, wie die Geschichte lehrt, nur dazu dienen, die Glieder der schweizerischen Familien zu entzweien.

Gewiß, Tit., liegt Ihnen die Absicht fern, dem Glauben der katholischen Schweizer Gefahr und Beeinträchtigung dadurch bringen zu wollen, daß ein Gesetz zum Hülfsmittel des Proselytismus zu Gunsten der einen Konfession und zum Nachtheil der andern gestämpfelt werde. Allein, sobald der fragliche Gesetzentwurf von den hohen Staatsgewalten angenommen sein wird, so setzt er den Katholiken einer wirklichen Gefahr für seine religiöse Ueberzeugungen aus. Ermessen Sie recht den Schmerz eines Gatten, sich von einer geliebten Gattin getrennt, seine theuren Kinder ihrer Mutter beraubt zu sehen, welche sich in Uebereinstimmung mit ihm ihrem Glücke widmen, die Sorgen und Mühen ihrer ersten Erziehung theilen sollte. Ist diese traurige Lage nicht sehr geeignet, ihn in die Versuchung zu führen, aus Unmuth oder Leidenschaft das Nämliche zu thun wie der andere Theil? Dieser Schritt wird aber vom katholischen Theile das Opfer seiner Religion erheischen, welche alsdann nur noch einen feigen Flüchtling, einen niederträchtigen, aus ihrem Schooße verstoßenen Abtrünnigen in ihm erblicken kann. Ist es nicht möglich, und mehr als möglich, daß er dieser Versuchung unterliege? Um dieß zu verneinen oder nicht daran zu glauben, müßte man die Macht gewisser Triebe und die große Schwachheit des Menschen nicht kennen.

Die Bundesbehörden sind dazu da, die öffentliche Ruhe und Ordnung aufrecht zu erhalten, mithin das vollste unparteiische Gleichgewicht zwischen den verschiedenen christlichen Bekenntnissen, in die sich die Schweiz theilt, zu erhalten.

Ist aber der fragliche Gesetzentwurf nicht mit Parteilichkeit befleckt, weil er die Katholiken auf die protestantische Lehre gestützten und der Lehre der Kirche durchaus entgegenstehenden gesetzgeberischen Verfügungen unterwirft? Wäre uns Katholiken nicht wirklich die Frage zu thun erlaubt, mit welchem Rechte man uns den Protestantismus auferlegen wolle, wie auch die Protestanten im entgegengesetzten Falle die nämliche Frage erheben könnten? Erwägen Sie außerdem noch den großen Unterschied zwischen dem Glauben der Katholiken und demjenigen der Protestanten: Zu Lebzeiten seines geschiedenen Ehegatten kann der Katholik nie eine neue Ehe eingehen, ohne seinen Glauben zu verleugnen; der Protestant dagegen darf die Scheidung und die zweite Ehe unterlassen, ohne sich gegen seine Religion zu verstoßen, da diese ihm die Scheidung und eine neue Heirath wohl gestattet, ihm aber keine Pflicht daraus macht. Daraus erhellt, daß der Glaube des Protestanten ihn nicht hindert, für immer oder während des Lebens des andern Ehegatten am katholischen Theile zu hangen, ohne jedoch hiezu gebunden oder verhindert zu sein, eine neue Ehe einzugehen.

Sie, Tit., sind zu erleuchtet (éclairés), um nicht anzuerkennen, daß die Gleichheit der Stellung und der Rechte beider Ehegatten, welche bei der Eingehung der Ehe nur an eine dauernde Verbindung ihres zeitlichen Geschickes dachten, der Gerechtigkeit entspricht. Ungerecht wäre es daher, das eheliche Joch zum Nachtheile des einen und zu Gunsten des andern Theiles zu erschweren; da die Pflichten gegenseitig sind, so müssen sie folglich auch die gleichen sein.

Wahrt nun der Gesetzentwurf über die Scheidung diese Gleichheit, oder zielt er nicht vielmehr auf deren Aufhebung ab? Er wird ja den protestantischen Theil zur Erlangung der Scheidung und zur Eingehung einer zweiten Ehe ermächtigen, während er den katholischen Theil gebunden und gefesselt läßt! Da einer der Gatten unabänderlich verbunden bleibt, so ist es gerecht, daß der andere gleichfalls in der nämlichen Lage verbleibe, um so mehr, als er, ohne seinem Glauben zu nahe zu treten, verbunden bleiben und von einer zweiten Ehe absehen kann.

Man wird vielleicht einwenden, daß der katholische Gatte das von der protestantischen Konfession ihren Anhängern zugesicherte Recht kannte und er bei der Heirath mit einer derselben angehörenden Person sich dieser Rechtsungleichheit freiwillig unterzogen habe.

Wir erlauben uns die Frage, ob es sich nicht zutragen könne, daß der katholische Bräutigam dieses Recht nicht kenne. Sicherlich ist er nicht verpflichtet, die ganze protestantische Doctrine inne zu haben. Gesetzt auch, er habe sie gekannt, so durfte er doch auf die Aufrichtigkeit der Betheurung einer unveränderlichen Liebe, auf das Versprechen einer unverbrüchlichen Treue und auf die fortwährende Dauer seines Ehebündnisses bauen. Kann ferner der protestantische Theil nicht im Voraus auf jede Scheidung verzichten, und geschieht dies thatsächlich nicht oft genug, um die Hand einer katholischen Person zu gewinnen, deren Name ihm eine ehrenhafte Verbindung, Vermögen und vortheilhafte Stellung verspricht? Auch diese Verbindungen sollen nun aber ebenfalls der Scheidung unterworfen werden, weil das Gesetz ein allgemeines ist und keine Ausnahme gestattet. Fügen wir noch hinzu, daß der mehrerwähnte Entwurf den beiden Gatten die Scheidung gestattet, welche sich in der Ueberzeugung und mit dem Wissen verbanden, daß sie sich auf immer aneinander fesselten; denn er erlaubt dem zum Protestanten gewordenen Katholiken die Scheidung und eine zweite Heirath, wie der Fall beweist, der dem in Frage stehenden Gesetze zur Veranlassung diente. So würde dasselbe freiwillig eingegangene Verpflichtungen zu Gunsten des einen Gatten und zum Nachtheile des andern aufheben, welch' letzterer den unter Vorbehalt der Gegenseitigkeit übernommenen Verbindlichkeiten unterworfen bliebe.

Sie, Tit., können gegen das Schicksal nicht unempfindlich bleiben, welches dieser Gesetzentwurf so vielen jungen Kindern bereitet, deren zarte Unschuld Ihre väterliche Sorgfalt ansprechen muß. Wirklich bringt der erwähnte Gesetzentwurf, indem er eine Wiederverehelichung gutheißt, für die Kinder aus der ersten Ehe die schwersten und bedauerlichsten Folgen nach sich. Vorerst wird ihre Erziehung mehr oder weniger vernachläßigt werden, und muß, beinahe nothwendigerweise in vielen Beziehungen Noth leiden, da sie das gemeinsame Werk von Vater und Mutter ist. Das ihnen zukommende Erbtheil wird beträchtlich vermindert, weil sie die Kinder zweiter Ehe, die sie nach den Grundsätzen der katholischen Kirche als illegitime und im Ehebruch erzeugte betrachten müssen, bei der Erbtheilung zulassen müssen. Dieser Gesetzentwurf wird noch zur Folge haben, im Herzen der Kinder jedes Gefühl der Achtung und kindlichen Liebe zu zerstören, vielleicht sogar ihnen Haß und Verachtung gegen ihre Eltern einzuflößen, da sie Vater oder Mutter, die geschieden sind und sich wieder verehelicht haben, nur als Beischläfer zu betrachten vermögen, ein Zustand, dessen Brandmal beinahe immer auf die unglücklichen Kinder zurückfällt.

Sie werden zugeben, daß die Vereinigung von Vater und Mutter das Wohl der Familie und das Glück der Kinder wesentlich bedingt.

Tief betroffen von der Trennung, in der ihre Eltern leben, werden diese nicht verfehlen, beim ersten Anlasse alle Kräfte anzustrengen, jedes Opfer zu bringen, um die gewünschte Wiedervereinigung zu Stande zu bringen. Aber ach! der in Frage stehende Entwurf wird oft genug jede Hoffnung auf die Rückkehr zum alten Bunde zerstören. Stellen Sie sich alsdann den Schmerz und die Betrübniß dieser Kinder vor, wenn sie sich in ihren Hoffnungen getäuscht und Brüder und Schwestern in ihrer Nähe werden aufwachsen sehen, denen sie diesen trauten Namen nur mit Widerwillen geben können.

Wir erlauben uns noch, Ihre Aufmerksamkeit auf andere, aus dem erwähnten Gesetzentwurfe hervorgehende Uebelstände zu lenken, welche die gesetzgeberische Weisheit der hohen Staatsgewalten der Eidgenossenschaft zu kompromittiren geeignet sind.

Dem Gesetzentwurfe zu Folge bleibt der katholische Theil nach der Scheidung Ehemann oder Ehefrau, Gatte oder Gattin

des geschiedenen und wieder verheiratheten pro
les, weil das Gesetz für den katholischen, also
bleibenden Theil die Trennung nicht ausspricht
der nämliche katholische Theil kraft der bloß
tischen verfügten Scheidung dennoch aufhören,
oder Ehefrau, Gatte oder Gattin zu bleiben
dingen sich die Eigenschaften des Gatten und
Ehemannes und der Ehefrau gegenseitig und
ander nicht bestehen. Wenn es also keinen M
keinen Gatten ohne Gattin geben kann, so
daraus, daß der katholische Theil, Eheman
Gatte oder Gattin des protestantischen Theile
bleiben muß. Um nun jedem Widerspruche zu
man daher eine gleichzeitige Vielweiberei und
nehmen, was sowohl vom Christenthume v
ihrer Weisheit verworfen wird, oder das G
auf beide Gatten oder nur auf einen derselben
Scheidung aber bloß auf den Katholiken a
hieße, wie wir gezeigt haben, die unverän
Kirche antasten, auf ihre Rechte übergreifen u
ihrer Kinder verletzen. Dies Alles darf nach
fassung nicht geschehen, und auch nicht nach d
boten, an denen die menschlichen Gesetze nicht
mögen.

 Endlich bezweckt dieser Gesetzentwurf die
was ein neuliches Gesetz aufzubauen versuchte
Bundesversammlung das Gesetz über Eingeh
ehen annahm, gegen welches Gesetz das schw
pat gleichfalls seine Stimme vernehmen ließ,
Behörde hauptsächlich eine Annäherung zwisch
denen Confessionen im Auge, indem man die
Familien verschiedener Kulte vermittelst verwandt
anstrebte. Nun wird aber der vorliegende Ges
das Gegentheil bewirken, weil er dasjenige
trennen wird, was man vormals sich näher
zu vereinigen strebte. Wir überlassen es Ihne
ob die gewünschte Annäherung nicht viel leicht
und stätige Bündnisse als durch zeitweilige
Verbindungen in's Werk gesetzt werden wird.

Angesichts vorstehender Erwägungen müssen wir Sie, Tit., beschwören, diesen Gesetzentwurf zurückzuziehen, der, wenn er angenommen werden sollte, von den verderblichsten Folgen für unser Vaterland sein würde. Ja, wir beschwören Sie darum, im Namen der jedem verfassungsgemäß anerkennten Bekenntnisse gewährleisteten Rechte; im Namen jenes gerechten, wohlwollenden und unparteiischen Geistes, den Sie allen Eidgenossen ohne Unterschied des Kultus und der Religion zu gewähren schuldig sind; bei Ihrer Theilnahme an der Wohlfahrt der Familien, an der Erziehung und Zukunft der Kinder; wir beschwören Sie darum, bei Ihrer Achtung vor der Bundesurkunde, diesem geheiligten Bande, das uns alle unter einem Banner vereint; im Namen des Friedens und der Eintracht, welche unter den Kindern des nämlichen Vaterlandes walten und dessen Freiheit und Unabhängigkeit sichern sollen; wir beschwören Sie endlich darum im Namen der Eidgenossenschaft, deren Heil und Wohlfahrt Ihrem Herzen so theuer sind. Ziehen Sie den Gesetzentwurf, dessen Gefahren wir soeben hervorgehoben haben, aus den Verhandlungen der eidgenössischen Räthe zurück; lassen Sie denselben für immer fallen. Seien Sie fest überzeugt, daß wenn Sie die Wünsche des schweizerischen Episcopats erhören, Sie einen neuen Anspruch auf die Achtung, die Zuneigung und die Dankbarkeit der katholischen Schweizer sich erwerben.

Sollte die Gewalt der Umstände Sie nöthigen, den Gesetzentwurf über die Scheidung der Mischehen ein zweites Mal der Berathung der hohen Staatsgewalten vorzulegen, so wollen Sie denselben unsere vorliegende Eingabe mittheilen.

In der festen Hoffnung, unser Gesuch werde von einem glücklichen Erfolge gekrönt werden, ersuchen wir Sie, Herr Präsident, Herren Bundesräthe, die Versicherung unserer ausgezeichnetsten Hochachtung genehmigen zu wollen.

† Peter Joseph, Bischof von Sitten.
† Stephan, Bischof von Lausanne und Genf.
† Johann Peter Mirer, Bischof von St. Gallen.
† Karl, Bischof von Basel.
† Nikolaus Franz, Bischof von Chur.